Denis Lane (Hrsg.)

Leite mich, Herr

Grundsätze, Gottes Willen zu erkennen

Christliche Literatur-Verbreitung e.V.
Ravensberger Bleiche 6 · 33649 Bielefeld

Falls nicht anders vermerkt, sind die Bibelzitate der Elberfelder Übersetzung 2003, Edition CSV Hückeswagen, entnommen. Hervorhebungen in den Zitaten sind in der Regel hinzugefügt worden.

1. Auflage 2016

Titel der englischen Originalausgabe: When God Guides
© der Originalausgabe 1984 by Overseas Missionary Fellowship
(formerly China Inland Mission), Singapur

© der deutschen Ausgabe 2016 by CLV
Christliche Literatur-Verbreitung
Ravensberger Bleiche 6 · 33649 Bielefeld
Internet: www.clv.de

Übersetzung: Hermann Grabe, Meinerzhagen
Satz: EDV- und Typoservice Dörwald, Steinhagen
Titelfoto: © by Petar Paunchev / 123rf.com
Umschlag: Lucian Binder, Marienheide
Druck und Bindung: GGP Media GmbH, Pößneck

Bestell-Nr. 256278
ISBN 978-3-86699-278-8

Inhalt

Vorwort des Übersetzers (2016)

Die in diesem Buch wiedergegebenen Berichte haben eins gemeinsam: Sie zeigen, dass auch noch im 20. Jahrhundert Gott selbst der Herr der Mission war – wie zur Zeit der Apostelgeschichte. Gott segnete seine Boten, wenn sie bereit waren, auf seine Weisungen zu warten, und ebnete ihnen dann oft auf erstaunliche Weise die Wege für einen fruchtbaren Dienst. Das ist auch heute noch so, und es wird bis zum Ende dieser Weltzeit so bleiben. In unserer hektischen Zeit ist diese Erkenntnis besonders wichtig, weil uns wegen der heutigen Reizüberflutung das Warten auf Gott immer schwerer fällt. Gott möge uns trotzdem Abhängigkeit von ihm und Ruhe und glaubensvolle Gelassenheit schenken!

Weil fast alle Berichte mit dem Jahr 1984 abschließen, sind die hier zu Wort Kommenden zum Teil bereits heimgegangen, und darum fehlen auch alle Hinweise auf das Internet und andere, uns heute unerlässlich erscheinende Kommunikationsmittel. Aber ihr Vermächtnis bleibt: Wir müssen Gott die Führung überlassen, wenn ein Segen mit Ewigkeitswirksamkeit aus unserem Tun hervorgehen soll.

Die Overseas Missionary Fellowship (OMF)[1] ist ein überkonfessionelles Missionswerk. So begegnen dem Leser manchmal kirchliche Strukturen und Verhältnisse, die ihm vielleicht unbekannt sind. Wir können daraus lernen, dass bei Gott weder Hautfarbe noch Denomination, sondern nur der demütige, glaubende Gehorsam zählt.

---

[1] A.d.H.: 1865 gründete Hudson Taylor die China-Inland-Mission, aus der die *Overseas Missionary Fellowship* (OMF) hervorging. Der deutschsprachige Zweig nannte sich bis 2015 *Überseeische Missions-Gemeinschaft* (ÜMG). Seitdem ist für die BRD die Bezeichnung *OMF International Deutschland* gebräuchlich.

Vorwort der Originalausgabe (1984)

Die Leute, die in diesem Buch ihre Geschichte erzählen, kommen aus Australien, Kanada, England, Deutschland, Irland, Japan, Korea, Schottland, Schweden, der Schweiz und den USA, was man auch an ihrer unterschiedlichen Ausdrucksweise erkennen kann! Sie bilden eine bunte Mischung aus Männern und Frauen, Älteren und Jüngeren, aus Lehrern, Krankenschwestern, Armeeangehörigen, Predigern, Studenten, Arbeitern – und das Einzige, was sie alle außer ihrem christlichen Bekenntnis vereint, ist die Tatsache, dass sie alle Missionare der Overseas Missionary Fellowship sind oder waren.

Die Themen, über die sie schreiben, sind so unterschiedlich wie sie selbst, und dazu gehört nicht nur die göttliche Führung auf das Missionsfeld, sondern auch diejenige in die Ehe, zu ihren Wohnungen und Mitarbeitern, zu den völlig neuen Tätigkeiten, in Familienangelegenheiten und in allen möglichen Details des täglichen Lebens.

Im einführenden Kapitel beschreibt Denis Lane die zehn Grundsätze der biblischen Lehre von der göttlichen Führung. Diese bekommen dann durch die folgenden Geschichten »Fleisch und Blut«, wie er sich ausdrückt. Natürlich illustriert keine Person jeweils nur einen Grundsatz, sondern ihre Geschichten wurden dort eingeordnet, wo sie am besten passen.

Alle, die in diesem Buch geschrieben haben, machten die Erfahrung, dass Gott wirklich führt. Wir hoffen, euer Vertrauen auf ihn dadurch entscheidend zu stärken, dass wir euch daran Anteil nehmen lassen.

Denis Lane kommt aus England und schloss sich 1960 der OMF an. Er arbeitete in Malaysia und Singapur. Danach wurde er Direktor für Heimatdienste und später auch internationaler Direktor.

Einführung

Göttliche Führung begeistert die Christen. Man kann ziemlich sicher sein, in den Gemeinden in regelmäßigen Abständen dieses Thema auf der Tagesordnung zu finden. Das überrascht nicht. Wo Führung Wirklichkeit ist, überzeugt sie uns von der Gegenwart und Macht Gottes. Sie versichert uns der übernatürlichen Welt und gibt uns Klarheit über den Sinn und die Zielrichtung unseres Lebens.

Doch führt Gott wirklich, und zwar ganz individuell jeden Einzelnen? Hat er eine Absicht und einen Plan mit jedem einzelnen Leben? Wie führt er? Kann ich ganz sicher sein, mich auf dem Pfad seines Willens zu befinden? Und wenn ich einmal diesen Pfad nicht erkenne, bin ich von da an zu einer minder wertvollen Existenz verurteilt? Ist Führung auf die großen Dinge des Lebens beschränkt, oder muss ich alles göttlicher Führung zuschreiben? Das sind nur einige der Fragen, die wir uns selbst, anderen und auch Gott stellen, wenn wir mit einer bestimmten Lebenssituation ringen.

Leitung und Führung werden in diesem Buch lebendige Realitäten, kleiden sich gewissermaßen in Fleisch und Blut, und Gott offenbart sich auf diese Weise selbst. Die Bibel ist als solche die Geschichte, durch die sich Gott während all der Jahrhunderte in den Lebensläufen und in den Handlungen vieler unterschiedlicher Leute immer deutlicher offenbart. Selten hat er mit einer Stimme geredet, indem er eine Reihe von Worten äußerte, und doch ist die Krönung seiner Offenbarung darin zu sehen, dass sein Wort in Christus Fleisch wurde.

Meine Aufgabe in diesem Eingangskapitel besteht darin, die Grundsätze darzustellen, nach denen er von Anfang an mit vielen Männern und Frauen gehandelt hat. Der Rest des Buches bestätigt nur, dass diese Grundsätze noch heute gelten und immer noch funktionieren, weil Gott ja immer noch lebt und wirkt. Weil alle hier schreibenden Leute Missionare sind, kann der Eindruck erweckt werden, dass Gottes Führung besonders darin besteht, die Menschen zu ihrem Lebenswerk zu berufen. Natürlich ist es am wichtigsten, auf diesem Gebiet seinen Willen zu erkennen. Aber ich hoffe, dass das Buch auch zeigen wird, wie sein Interesse und seine leitende Hand auch auf vielen anderen Gebieten sichtbar werden.

Wir müssen uns vor allem daran erinnern, dass Gottes vornehmstes Ziel darin besteht, uns für das ewige Leben zu erziehen. Wir sind vorherbestimmt, dem Bild seines Sohnes gleichförmig zu werden. Er will uns Christus ähnlich machen. Während wir daher mit dem Endergebnis seiner Führungen beschäftigt sein mögen, interessiert es ihn oft mehr, was wir im Lauf dieses Prozesses lernen sollen. Uns beschäftigt zum Beispiel sehr, welche Art von Tätigkeit wir in unserem Leben ausüben sollen, während es Gott darum gehen mag, uns zu lehren, abhängig von ihm zu werden und dies in ausdauernder Geduld zu lernen. Was wir als frustrierende Verzögerungen ansehen, während wir auf eine neue Arbeit warten, kann genau das Werkzeug sein, das er benutzt, um in uns wirkliches Ausharren zu entwickeln.

Es gibt noch eine weitere vordringliche Frage, die wir unbedingt behandeln müssen, weil es darüber so viele Missverständnisse gibt, nämlich: Was ist »Berufung«? Wir hören, wie Leute sagen, der Herr habe sie berufen, dies oder das zu tun, und sehr häufig geschieht das im Zusammenhang mit dem sogenannten »vollzeitlichen Dienst«, wie etwa dem des Missionars oder Pastors.

In der Bibel aber wird das Wort »Berufung« gewöhnlich auf den Ruf in die Nachfolge Jesu Christi angewendet. Das ist viel umfassender als die Berufung zu einem bestimmten Dienst. Damit ist aber auch sofort die Vorstellung erledigt, es gebe zwei Arten von Christen, die auf unterschiedlichen Ebenen arbeiten. In 1. Korinther 7,20 sagt Paulus: »Jeder bleibe in dem Stand, in dem er berufen worden ist.« Mit »Berufung« ist hier ganz deutlich der Ruf in die Nachfolge Jesu Christi gemeint. Paulus fährt dann fort: »Bist du als Sklave berufen worden, so lass es dich nicht kümmern« (V. 21). Mit anderen Worten: Es ist möglich, als Sklave ein genauso guter Christ zu sein wie in jeder anderen Berufung. Wenn jemand gläubig wird, hat er oft das Gefühl, seine augenblickliche Arbeit aufgeben und dem Herrn »völlig« dienen zu sollen. Paulus will uns sagen, dass man von ganzem Herzen dienen kann, während man in seinem gegenwärtigen Beruf bleibt. Allerdings fährt er fort und sagt: »Wenn du aber auch frei werden kannst, so benutze es vielmehr« (V. 21). Er empfiehlt also nicht eine passive Erduldung unseres Schicksals oder die Notwendigkeit, in unserer augenblicklichen Lage zu verharren. Er sagt, dass ein Christ die Freiheit hat, seine Situation zu verbessern, wenn die Möglichkeit dazu besteht. Wichtig ist hier nur, dass er des Herrn Sklave und auch des Herrn Freigelassener ist – einerlei, ob er Freiheit besitzt oder sich in Sklaverei befindet. Das fasst Paulus zusammen mit den Worten: »Ihr seid teuer erkauft; werdet nicht Knechte der Menschen« (V. 23; Schlachter 2000).

Wenn wir das Wort »Berufung« auf Leute beschränken, die von Gott zu einem besonderen Dienst berufen wurden, so sagen wir damit nicht nur, dass es zwei Stufen von Christen gibt, sondern wir ermutigen die auf der »zweiten Stufe« auch noch, sich die Freiheit zu nehmen, weniger Hingabe und Gehorsam zu zeigen. Wenn wir begriffen haben, dass in der Bibel mit der grundlegenden Berufung gemeint ist, Jesus Christus als unserem Retter und Herrn nachzufolgen, dann stehen wir alle unter den gleichen Bedingungen der Jüngerschaft. Wir alle erkennen dann das Recht Gottes an, von uns verlangen zu können, dass wir hingehen, wohin immer er uns schickt, und das tun, was immer er will und wann er es will. Die Tatsache, dass der Herr mich und meine Frau anwies, ihm in Asien zu dienen, berührt die Stufe unserer Erfahrungen und unserer Hingabe genauso wenig wie die Farbe unserer Haare. Als Christen sind wir alle berufen, dem Herrn zu dienen – die einen an diesem Ort, die anderen an jenem, einige in diesem Beruf, die anderen in einem anderen.

Wie kann ich aber Gottes Willen erkennen, und nach welchen Grundsätzen funktioniert Führung? Ich möchte gern einige Grundsätze aufzeigen, wie wir sie in der Apostelgeschichte finden, und zwar besonders in Kapitel 10, wo uns berichtet wird, wie Petrus zu Kornelius, dem römischen Hauptmann, geschickt wurde, um ihm das Evangelium zu predigen. Diese Grundsätze kommen in den Lebensläufen der Leute in diesem Buch zur Anwendung. Glücklicherweise kennt der Herr jeden von uns persönlich und geht mit uns dementsprechend um, und gerade das macht die Geschichten, die von seiner führenden Hand erzählen, so spannend.

Grundsatz 1:
Handle in Übereinstimmung mit Gottes Wort!

Während ich über die Grundsätze göttlicher Führung nachdachte, wurde mir das Wort Gottes zur wichtigsten Informationsquelle. Da wird uns mitgeteilt, wie Gott selbst in vielen, sehr unterschiedlichen Situationen gehandelt hat. Der Herr ist immer derselbe. Was er gesagt hat, das sagt er immer noch. Weil das die Wahrheit ist, können wir uns auf sein Wort verlassen, nicht nur bezüglich dessen, was wir glauben sollen, sondern auch im Hinblick auf die Grundsätze, nach denen wir unser Leben bauen müssen. Eingebettet in ihren eigenen literarischen und geschichtlichen Hintergrund, stattet uns die Bibel mit Gottes Erleuchtung und Wegweisung aus.

So finden wir in Psalm 32,8 seine Verheißung: »Ich will dich unterweisen und dich den Weg lehren, den du wandeln sollst; mein Auge auf dich richtend, will ich dir raten.« Der erste Teil des Psalms stellt sowohl das Elend des nicht erretteten Sünders heraus, der seine Sünden nicht bekennen will, als auch die »Glückseligkeit« der Rechtfertigung dessen, der seine Ungerechtigkeit zugibt und dadurch Vergebung und Reinigung empfängt. Solchen Menschen wird ganz akut deutlich, dass sie Führung und Leitung brauchen – aber auch, dass Gott versprochen hat, beides zu geben.

Wir dürfen daher auch erwarten, dass Gottes Wort in unsere Umstände hineinspricht – nicht nur, um uns Leitungsgrundsätze mitzuteilen, wie wir sie in Apostelgeschichte 10 und 11 finden, sondern auch in spezifische Situationen hinein, in denen wir Führung und Bestätigung brauchen. Das möchte ich illustrieren: Als meine Frau und ich spürten, dass uns der Heilige Geist anwies, uns der OMF in Bezug auf missionarische Dienste anzuschließen, wurden wir durch andere ermutigt, gemäß der Führung zu handeln, die wir bereits empfangen hatten. Drei verschiedene Personen lenkten unsere Aufmerksamkeit an drei verschiedenen Tagen auf 2. Mose 33,15. Dort erhielt Mose den Auftrag, das Volk Gottes in das verheißene Land zu führen. Damals sagte er zu dem HERRN: »Wenn dein Angesicht nicht mitgeht, so führe uns nicht von hier hinauf.« Dieser Vers und sein Inhalt passten zu unserer Situation wie eine Hand zu ihrem Handschuh. So wurden wir ermutigt, uns der OMF anzuschließen, indem wir im gleichen Geist beteten.

Dies ist also der erste von einigen Grundsätzen, die wir im Leben des Petrus und nach ihm bei vielen anderen feststellten. In diesem Buch werden einige diesbezüglich zu Wort kommen. Dabei wollen wir nicht vorgeben, dass Gottes Wege immer leicht zu erkennen seien. Anne Ruck berichtet von den Zweifeln, die sie in Bezug auf die Gewissheit, von Gott geführt zu sein, erschütterten. Aber Ron Preece und mehrere andere bezeugen uns den Frieden, der eine richtig gefällte Entscheidung begleitet. Man bedenke dabei, dass selbst Paulus, dieser große Mann Gottes, bei der Beurteilung der göttlichen Leitung Fehler machte. Er raffte sich jedoch immer wieder auf, weil er sicher war, dass der Herr ihm immer noch vorausging und sein Wille am Ende deutlich zu erkennen sein würde.

Wenn wir Gottes Führung nicht erkennen, sind wir dann für immer zu einem zweitbesten Weg verdammt? Ich glaube das nicht. Der Herr ist kein harter Arbeitgeber. Sein Joch ist sanft, und seine Last ist leicht. Wenn wir einen falschen Schritt gemacht haben, brauchen wir nicht im Geist der Furcht zu wandeln, der Herr werde uns für den Rest des Lebens zu einem Bürger zweiter Klasse im Reich Gottes machen. Das wäre das genaue Gegenteil von dem Geist des Glaubens, der uns kennzeichnen sollte. Man denke nur an Petrus selbst, der sich von dem gemeinsamen Essen mit Heiden zurückzog, weil er sich durch den Einfluss anderer Menschen einschüchtern ließ – und das *nach* der Vision, die er in Cäsarea auf dem Dach gehabt hatte (Galater 2,11-14). Paulus rügte ihn wegen seines Verhaltens; aber das war nicht das Ende für die Brauchbarkeit des Petrus.

In Jeremia 18 zeigt der Herr seinem Knecht, wie ein Tongefäß in der Hand des Töpfers zwar missriet, es aber trotzdem in einen schönen Topf umgeformt wurde. Es wurde ein anderes, aber nicht notwendigerweise ein schlechteres Gefäß. Die Welt kann keine Fehler vergeben. Gott aber baut aus Ruinen wunderschöne Neuschöpfungen.

So kannst auch du durch das Lesen dieser Zeugnisse ermutigt werden. Möchten wir alle doch lernen, immer mehr mit dem Herrn unseres Lebens zu wandeln, dessen Führung uns zugesagt worden ist!

Grundsatz 2:
Sei ein Mensch des Gebets!

Die Apostel in der Apostelgeschichte waren Beter. Sie kamen oft zum Beten zusammen, und schon in Kapitel 1 finden wir sie im Gebet vereint, wie sie auf den von Gott verheißenen Heiligen Geist warten. In Kapitel 10,9 begegnen wir Petrus, wie er mitten am Tag auf das Flachdach hinaufsteigt, um die Gebetszeit einzuhalten. Petrus suchte nicht Gottes Leitung, als er zum Beten die Treppe hochging. Vielmehr trat er zu der in der jüdischen Gemeinschaft üblichen Gebetszeit in die Gegenwart Gottes. Aber aus dem Zusammenhang geht hervor, dass er offen war, um von Gott Wegweisung zu erhalten.

Unsere moderne Generation hat dermaßen gegen alle Formen und Ordnungen revoltiert, dass manche Christen niemals mehr Zeit zum Beten haben. Einige haben mir gesagt, sie beteten nur, wenn es ihnen danach zumute ist. Was ihre irdischen Mahlzeiten angeht, scheinen sie einer ganz anderen Philosophie zu folgen! Die Muslime in unserem Umfeld fragen sich gelegentlich, ob wir Gott überhaupt noch ernst nehmen. Sie beten gewöhnlich sehr hingegeben, und das fünfmal am Tag; aber in unserer Abwehrhaltung gegen alles Formale und gegen alles schematische Handeln beschränken wir das Gebet auf gelegentliche Gefühlseingebungen. Doug Vavrosky erzählt uns, wodurch er die Sicherheit gewann, dass Gott ihn zu den Chinesen schicken wollte; doch die Leiter der OMF hatten Vorbehalte, weil sie meinten, er würde Probleme mit der Sprache bekommen. Seine Reaktion darauf war nicht, zu kämpfen oder zu drängen, sondern zu beten und abzuwarten, und am Ende überzeugte Gott die Leiter, dass er nach Taiwan gehen sollte. Larry Dinkins hatte sich kaum der OMF angeschlossen, als er begann, um einen Missionar zu beten – erst allein, dann mit einer Gruppe. Je mehr er betete, umso deutlicher wurde ihm, dass er selbst der Missionar war, den Gott senden wollte.

Wenn wir wirklich Gottes Führung suchen, werden wir uns einfinden, wo er mit uns reden kann. Jesus war während seines ganzen Erdenlebens fortwährend im Gebet. Er war in der Tat stets im Geist des Gebets, und darum auch in der Lage, ununterbrochen Kontakt mit seinem Vater aufrecht zu halten. Wir werden in Judas 20 aufgefordert, im Heiligen Geist zu beten. Ich glaube nicht, dass damit eine bestimmte Form des Betens gemeint ist, zu der nur wenige Christen in der Lage sind, sondern dass es sich vielmehr um eine konstante Verbindung handelt, die zwischen dem Christen und dem Heiligen Geist, dem Sachwalter Jesu Christi, besteht. Wir dürfen nicht damit rechnen, dass Gott uns jemals Führung schenkt, wenn wir nicht eine beständige Gebetsverbindung mit ihm aufrecht halten.

Grundsatz 3:
Lass dir von Gott deine Vorurteile beseitigen!

Die größten Hindernisse, Gottes Wegführung zu erkennen, liegen mitunter in uns selbst. Petrus war ein Gefangener seines eigenen kulturellen Hintergrunds: Juden machten sich niemals auf, um bei einem Heiden zu essen, weil sie sich dadurch verunreinigen würden. So mussten bei Petrus zunächst die Vorurteile gegen Heiden beseitigt werden, bevor er veranlasst werden konnte, in das Haus des Kornelius zu gehen oder gar dort zu predigen. Als Gott dem Petrus ein Tuch voller unreiner Tiere zeigte und ihm sagte:»Steh auf, Petrus, schlachte und iss!«, reagierte der hungrige Apostel instinktiv:»Keineswegs, Herr! Denn niemals habe ich irgendetwas Gemeines oder Unreines gegessen!« (Apostelgeschichte 10,13-14). Das ist gewöhnlich die Sprache des Vorurteils. Wenn wir bei uns entdecken, dass wir sagen möchten:»Das habe ich niemals …«, oder:»Das werde ich niemals …«, dann ist es wahrscheinlich eher die Stimme des Vorurteils als die eines durchdachten Grundsatzes. Pastor Byun Jae Chang aus Korea hat aus dem Buch Jona gelernt, dass Gott dabei war, ihn zum Dienst in ein anderes Land zu senden. Aber Gott hatte Jona zu den Feinden seines Landes geschickt. Im Licht der neueren Geschichte wird klar, dass für die meisten Koreaner die Liste der Feinde von den Japanern angeführt wird. Wie Gott dieses Vorurteil bei dem Koreaner fortnahm, kannst du später lesen, um dich daran zu erfreuen.

Eltern werden mit Vorurteilen zu kämpfen haben, wenn ihre Tochter vorhat, jemanden aus einem anderen Kulturkreis oder von einer anderen Rasse zu heiraten, und wenn sowohl sie als auch ihr Verlobter Christen sind, die glauben, Gott habe sie zusammengeführt. Andere wieder mögen auf ihrer Arbeitsstelle der Ansicht sein, dass jemand ihr Vorgesetzter ist, der aus irgendeinem Grund gar nicht dafür tauglich ist. Die Liste der möglichen Vorurteile ist endlos. Es ist besonders schwierig, mit ihnen umzugehen, wenn sie zu dem gehören, was zu den tiefsten Überzeugungen unserer bisherigen glaubensmäßigen Unterweisung gehörte, wie es bei Petrus der Fall war. In seinem gesamten Umfeld empfanden alle genauso wie er. Man hatte ihm beigebracht, dass dies in allen Lebensbereichen Gültigkeit hatte und von Gott selbst so angeordnet worden war. Da ist es kein Wunder, dass der Herr hier mit dem besonderen Mittel einer Vision eingriff.

Wir tun gut daran, in diesem Zusammenhang festzuhalten, dass der Herr die Vision nur benutzte, das Vorurteil des Petrus zu beseitigen. Er sagte Petrus durch die Vision nicht, wohin er gehen oder was er tun sollte. Wir hätten es gern, wenn die Führung klar und eindeutig an den Himmel geschrieben wäre, oder wenn sie uns in einer Vision offenbart würde. Aber Gott arbeitet selbst in geistlichen Angelegenheiten selten auf diese Weise. Die Anzahl der Visionen, von denen die Apostelgeschichte berichtet, ist verhältnismäßig klein. So kommen wir wieder zu Gottes vornehmster Absicht zurück: Er will sein Volk für die Ewigkeit erziehen. Er will uns lehren, dass wir ihm, während wir unseres Weges ziehen, immer mehr in all den Lagen vertrauen, die Glauben erfordern und in denen wir nur wenig »schauen« können. Auf diese Weise lernen wir, ihm immer dichter zu folgen. Gott benutzt wohl Träume und Visionen; aber sie sind nur ein Teil des Gesamtbildes, und er überlässt es uns, darüber nachzudenken und auf ihn zu vertrauen, dass er deren Bedeutung offenbar machen wird. Erika Heldberg geb. Hanser berichtet uns in diesem Buch von zwei bemerkenswerten Träumen, die schließlich ein glückliches Ende hatten, und Ulla Fewsters Geschichte enthält auch einen Traum. Isabel Bowman schreibt von einem wegweisenden biblischen Wort, das sie auf einer Konferenz erhielt und das erst nach jahrelanger Wartezeit in ihrem Leben Wirklichkeit wurde. Im Leben all dieser Leute waren Träume und andere derartige Führungen nur ein Teil des Gesamtbildes.

Grundsatz 4:
Beachte den Wert von Timing und Umständen!

Petrus sah, wie das Tuch dreimal herabgelassen wurde. Gleich nach dieser Vision klopften drei Männer, die alle unrein waren, an seine Tür, und der Heilige Geist sagte Petrus, er solle mit den Leuten gehen. Dabei wird nicht genau berichtet, wie der Geist es ihm mitteilte. Offensichtlich hatte Petrus aber ein Empfinden für die Gegenwart des Heiligen Geistes, und er reagierte auf seine Eingebung. Immerhin war diese Eingebung auch eng mit der dreifachen Vision und damit verbunden, dass gleichzeitig die drei Männer vor der Tür standen.

Als meine Frau und ich uns überlegten, ob Gott uns ins Ausland führte, gaben uns drei Leute ihren Rat, den sie alle genau mit demselben Bibelvers begründeten. Das führte uns dazu, das gesamte Projekt näher in Augenschein zu nehmen. An demselben Tag, als wir in London mit dem für die Einstellung neuer

Kandidaten zuständigen OMF-Leiter gesprochen hatten, kam nach unserer Rückkehr eine junge Frau in mein Büro und sagte: »Es würde mich nicht wundern, wenn ihr zur OMF geht.« Sie hatte wirklich keine Ahnung davon, wo wir gewesen waren.

Mehrere Zeugnisse in diesem Buch berichten in ähnlicher Weise von einem »zufälligen« Zusammentreffen bestimmter Ereignisse, die alle für den Gläubigen keine »Zufälle«, sondern deutliche Hinweise durch den Herrn sind. So schreibt zum Beispiel Tim Symonds, dass er, während er einen Artikel las, einen Brief gleichen Inhalts von dem OMF-Heimatdirektor bekam. Gleichzeitig erfuhr er, dass man für seine Arbeit einen Ersatzmann besorgen werde. Alles geschah zur selben Zeit. Und Alice Compain erkannte Gottes Führung, von Laos nach Kambodscha zu ziehen, durch drei Ereignisse an drei aufeinanderfolgenden Tagen.

Grundsatz 5:
Lerne, auf die Stimme des Heiligen Geistes zu hören!

Wir haben schon gehört, wie der Heilige Geist dem Petrus sagte, er solle mit den drei Männern gehen, die unten auf ihn warteten. Spürte Petrus ein inneres Drängen? Vernahm er eine hörbare Stimme? Wir wissen es nicht.

Schon einige Jahre, bevor wir eine deutliche Führung spürten, England zu verlassen, ging ich bei einer Gelegenheit draußen vor dem Gebäude meines Studienseminars spazieren, als ich eine Stimme zu hören meinte, die mir sagte: »Ich werde dich irgendwann in ein heißes Land rufen.« Acht Jahre lang geschah nichts weiter; aber man kann sich kaum ein heißeres Land als Singapur denken, knapp zwei Grad nördlich des Äquators. Und Alfred Johnston berichtet, dass er durch »eine Stimme oder Eingebung« wachgerüttelt wurde, durch die er das Personalproblem in seinem Buchladen ordnen konnte.

Viele von uns haben die Leitung durch den Heiligen Geist auf ganz unterschiedliche Weise erfahren. Manchmal konnte das sehr dramatisch verlaufen; aber das muss nicht immer so sein. Gelegentlich ist es ein sanftes Drängen oder ein tiefes inneres Empfinden. Die große Gefahr liegt nicht in der Fähigkeit des Herrn, zu uns auf diese Weise zu reden, sondern in unserer schwachen Aufnahmefähigkeit. Die Stimme des Heiligen Geistes wird von unserer Seele empfangen, und auf diesem Gebiet neigen wir alle dazu, Fehler zu machen. Ganz leicht können wir unsere tiefsten Herzenswünsche für das Drängen des Geistes halten. Neulich hörte ich, wie jemand das so formulierte: »Dann taufen wir unsere eigenen Begierden.« Wir dürfen die innere Stimme des Heiligen Geistes deshalb nicht überhören oder kleinreden; vielmehr müssen wir uns und unser Gefühl, geleitet zu werden, immer sorgfältig durch andere, objektivere Faktoren überprüfen. Petrus hatte viele davon. So konnte er vorwärtsschreiten.

Wie wichtig ist es in diesem Zusammenhang, dass wir lernen, täglich »im Geist« zu wandeln. Wenn wir in ständiger Verbindung mit ihm sind und die Gegenwart Gottes erleben, dann werden wir erkennbar aufmerksamer für das Drängen des Geistes und auch fähiger werden, zwischen unseren eigenen Wünschen und seinem Willen zu unterscheiden. Wenn wir tagsüber nur selten an Gott denken, können wir kaum erwarten, die leise Stimme des Heiligen Geistes zu vernehmen, die uns führen will. Somit gilt es, einen sehr genauen Kurs zu fahren zwischen dem rationalistischen Unglauben, der jegliches Reden Gottes in unseren Seelen leugnet, und dem überhitzten emotionalen Subjektivismus, der im Zustand ständiger Spannung die nächste innere Stimme erwartet. Aber das zu lernen, gehört zu unserer geistlichen Erziehung.

Grundsatz 6:
Geh voran im Glauben!

Als die Männer anklopften, musste Petrus nach unten gehen und die Tür öffnen und sie einlassen. Als der Heilige Geist ihm sagte, er solle mit ihnen gehen, musste er sich auf die Reise machen und dabei glauben, dass der Grund der Reise später erkennbar werden würde. In jedem Fall von Geistesleitung kommt die Zeit, in der gehandelt werden muss. Wir dürfen nicht untätig herumsitzen und immer weiter darüber debattieren, was wir machen sollen. Carolyn Blomfield gibt zu, dass sie einen »Schmiedehammer« nötig hatte, um in Bewegung gesetzt zu werden. Wenn wir aber anfangen, uns zu bewegen, kann Gott beginnen, Türen zu öffnen und auch zu schließen. Geistliche Führung ist kein unfehlbares Offenbarungssystem, das Fehler unsererseits ausschließt.

Paulus ist ein Mann, den wir alle respektieren wegen der Tiefe seines geistlichen Verständnisses und wegen seiner Erfahrung. Er hatte Christus selbst auf der Straße nach Damaskus gesehen. Doch in Apostelgeschichte 16 sehen wir, wie er versuchte, nach Mysien zu kommen, und der Heilige Geist zeigte ihm, dass er sich irrte. Dann lesen wir, dass er mit dem gleichen Erfolg nach Bithynien zu reisen versuchte. Schließlich kam er, durch die Umstände gezwungen, in Troas an. Dort gab ihm der Herr die Vision von dem Mazedonier, der ihn nach Philippi hinüberrief. Daraus wird deutlich, dass Paulus keine unfehlbare Gabe der Führung hatte. Aber er saß auch nicht tatenlos herum, um auf eine Offenbarung vom Himmel zu warten. Er bewegte sich vielmehr in die Richtung, von der er annahm, er solle dorthin gehen, und vertraute auf Gott, er würde ihn aufhalten, wenn er sich geirrt hätte. Ein weiteres Beispiel: Im ersten Kapitel des Römerbriefs spricht Paulus von seinen wiederholten früheren Absichten, die Römer zu besuchen, was sich aber immer als undurchführbar erwies. Immerhin gab er seinen Plan, nach Rom zu reisen, deshalb nicht auf.

Wenn wir nicht sicher wissen, was wir machen sollen – einerlei, ob es sich um einen Arbeitsplatzwechsel, um eine Geldanlage oder um ein Problem in der Kindererziehung handelt oder ob es um eine andere der vielen tausend Möglichkeiten geht, in denen wir Führung suchen –, immer kommt die Zeit, in der wir etwas unternehmen sollten. Da mag es sich um das Einziehen von Erkundungen über mögliche Alternativen handeln, um den Rat von Fachleuten und darum, dass man einen Brief schreibt oder beim Amt anruft. Gott öffnet Türen, und Gott schließt Türen.

Gerade in dieser Woche wurden wir mit einem familiären Problem dieser Art konfrontiert. Unser Sohn arbeitet in Kuala Lumpur in Malaysia. Dort hatte er vor einem Monat eine neue Arbeit aufgenommen. Seitdem hatten wir nichts mehr von ihm gehört, denn ein Brief von ihm war verloren gegangen, wie wir später erfuhren. Wir hatten keine Kontaktadresse oder Telefonnummer, und wir wollten doch sehr gern wissen, wo er steckte. So beteten wir, dass er uns schreiben möge; aber nichts geschah. Daher zogen wir Erkundigungen bei Freunden und Bekannten in Singapur ein. Eine Person, die die Adresse unseres Sohnes gekannt hätte, war verzogen und hatte die Telefonnummer gewechselt.

Dann rief genau dieser Mensch mich vor zwei Tagen in meinem Büro wegen einer völlig anderen Angelegenheit an. Wir glauben, dass der Herr ihn dazu bewegt hat, obwohl er selbst höchstwahrscheinlich ein Ungläubiger ist. Gott hat unsere Gebete erhört; wir erfuhren von dem verloren gegangenen Brief, außerdem erhielten wir die Information, die wir brauchten. Aber auch wir mussten aktiv werden und dabei auf Gottes Führung vertrauen.

Maria Herrens Geschichte in diesem Buch zeigt uns, dass göttliche Führung nicht immer eine komplizierte Angelegenheit ist, für die wir unser Gehirn zermartern müssten. Manchmal kann die Führung sehr eindeutig sein und uns tatsächlich einfach geradeaus leiten. Nicht, dass selbst Führungen solcher Art ganz spannungsfrei für die betreffenden Leute ablaufen. Maria wusste, was es hieß, dass ihr manchmal »das Herz bis zum Hals schlug«; aber grundsätzlich war der Weg vom Anfang bis zum Ende für sie ganz klar. Die Frage war nur, wie das alles in der Praxis aussehen würde. Und so ging sie ihren Weg Schritt für Schritt und vertraute dem Herrn, dass er alle Schwierigkeiten entwirren werde.

Grundsatz 7:
Beziehe andere in deine Führungen ein!

Als Petrus zum Haus des Kornelius losmarschieren wollte, bat er einige Brüder aus Joppe, mit ihm zu gehen. Das war ein weiser Schritt. Der Herr hatte die Vorurteile des Petrus beseitigt; aber genügend Leute hatten immer noch die gleiche Meinung über die Heiden. So wollte Petrus sicher sein, dass er in der Lage war, einen Bericht von seiner Führung abzugeben, den andere bestätigen konnten. Auch hätte er sich mit ihnen beraten können, wenn er unsicher gewesen wäre.

Als menschliche Wesen sind wir anfällig dafür, die Signale Gottes zu missdeuten. Deshalb brauchen wir die anderen, damit sie unsere Führung durch Gott bestätigen. Kunimitsu Ogawas Geschichte zeigt, wie wichtig das ist, besonders für einen Japaner. Damit ist nicht gesagt, dass wir immer dem Rat anderer Leute folgen müssten. Viele Freunde rieten Paulus, nicht nach Jerusalem hinaufzuziehen, indem sie sehr deutlich darauf hinwiesen, dass er dort Leiden und Gefangenschaft erfahren werde. Er empfand, dass er trotzdem gehen sollte, und am Ende brachte ihn seine Gefangenschaft genau in die Stadt, die er zuvor mehrfach zu erreichen versucht hatte – nach Rom. Natürlich dürfen wir dieses Beispiel nicht als Entschuldigung benutzen, wenn wir dickköpfig auf unserem Willen bestehen; aber ein Rat ist immerhin nur ein Rat und kein Ersatz dafür, dass wir unsere eigene Entscheidung vor dem Herrn treffen.

Grundsatz 8: Lerne, verantwortlich über dein Verständnis von Führung zu reden!

Petrus war in der Lage, Kornelius genau zu sagen, warum er sich getrieben fühlte, in sein Haus zu kommen (Apostelgeschichte 10,27-29). Er konnte deutlich alle folgenden Schritte erklären, und die ganze Geschichte machte Sinn. Petrus war im Glauben losgezogen; aber der Glaube ist nicht irrational. Der Glaube übersteigt die Vernunft, widerspricht ihr aber nicht. Die Führung des Petrus war nicht rein subjektiv. Er hatte die objektive Tatsache, dass die drei Männer gekommen waren, als Erklärung für seinen Entschluss, Kornelius aufzusuchen.

Es erschreckt mich manchmal, wenn Christen mir mit absoluter Sicherheit sagen: »Der Herr hat mir gesagt, dass ich dies oder das tun soll«, aber nicht erklären können, wie sie zu dieser Überzeugung gekommen sind. Dazu neigen wir besonders leicht in Herzensangelegenheiten, und das ist verständlicherweise so; aber es ist auch sehr traurig, wenn eine junge Frau sehr stark empfindet, der Herr habe ihr gesagt, sie solle eine gewisse Person heiraten, obwohl dieser Mensch gar nicht an eine solche Beziehung denkt. In einem solchen Prozess werden alle Beteiligten verletzt. Ich kenne einen Fall, in dem einer Person von mehr als einer Missionsgesellschaft der Dienst in der Heimat nahegelegt und sie wieder nach Hause geschickt wurde, obwohl sie – aus einem rein subjektiven Gefühl heraus – darauf bestand, für den Auslandsdienst berufen zu sein. Schließlich musste sie von ihrer eigenen Regierung zurückgesandt werden, weil sie kein Geld mehr hatte und es keine Stelle gab, an der sie dienen konnte. Das war ein klarer Fall von missverstandener Führung.

Wir müssen stets aufpassen, dass wir nicht den vom Geist erleuchteten Verstand über die anderen Wege stellen, auf denen Gott mit seinen Leuten redet. Es gibt weder bedeutendere noch untergeordnete Wege in Gottes Führung. In diesem Buch wird man sehen, dass manche Leute ganz nüchtern sind, während andere mehr aufsehenerregende Geschichten zu erzählen haben. Wir dürfen keine Werturteile über Temperamente, Persönlichkeiten oder die Art und Weise fällen, wie die Menschen Führung erlebt haben. Ich glaube, dass die hier betrachteten Grundsätze universell anwendbar sind (wenn auch nicht alle für jeden Fall). Aber Gott behandelt uns in seiner Gnade als Individuen auf eine Weise, die mit unserem Wesen zusammenpasst. Der vom Heiligen Geist erleuchtete Verstand ist genauso eine Gabe Gottes, die er wie jede andere Art von Führung benutzt. Wir sollten daher in der Lage sein, klar die Gründe anzugeben, weshalb wir meinen, dass es Gott ist, der uns anleitet, etwas zu unternehmen.

In Apostelgeschichte 11 berichtete Petrus daheim in seiner Gemeinde alles, was geschehen war. Er hatte sich hinausgewagt zu dem ersten Dienst eines Juden an den Heiden. Das war ein fantastischer, ganz neuer Schritt. Da musste er in der Lage sein zu erklären, warum er das getan hatte, und am Ende hieß die Gemeinde sein Verhalten gut. Wenn andere Leute unser Gefühl, geführt zu sein, nachvollziehen und billigen können, weil es alle Anzeichen der Leitung durch Gott trägt, dann können wir doppelt sicher sein, auf seinen Wegen zu wandeln. Das aber fordert, unser Geführtsein anderen auf solche Weise zu erklären, dass es für sie verständlich ist.

Grundsatz 9:
Achte auf relevante Zeugnisse anderer!

Als Petrus im Haus des Kornelius ankam, war er sich nicht sicher, was er zu tun hatte. So beschrieb er sein Verständnis von dem, was geschehen war, und hörte dann, was Kornelius dazu zu sagen hatte. Die zwei Berichte passten genau zueinander. Das gab Petrus das benötigte Vertrauen, um öffentlich vor der dort versammelten Menge das Evangelium zu predigen. Diane Davies berichtet ein bemerkenswertes Beispiel dieser Art sich gegenseitig bekräftigender Zeugnisse. Wir haben nicht immer etwas so Dramatisches oder Deutliches, auf das wir aufbauen können; doch wenn wir es haben, können wir jubeln und zuversichtlich vorangehen.

Gott handelt mit uns als Individuen; aber wir sind nicht so unterschiedlich, dass das Zeugnis anderer Leute kein Licht auf unsere Lage werfen kann, auch wenn es nicht so genau zu unserer Not passt, wie es in der Apostelgeschichte der Fall war. Die Führungen, die Menschen in Bezug auf ihren künftigen Ehepartner erleben, liefern offensichtlich viele Beispiele von Führung auf beiden Seiten; aber sie sind nicht die einzigen dieser Art.

Grundsatz 10:
Folge tatsächlich der empfangenen Führung!

Schließlich kommt die Zeit, Entscheidungen zu fällen. Das unterscheidet sich von Grundsatz 6, weil wir jetzt an den finalen Abschluss einer Sache denken und nicht nur an die Schritte dorthin. Schließlich müssen wir entscheiden, wo wir leben wollen, welche Schule die Kinder besuchen sollen, ob und wo wir eine neue Arbeitsstelle annehmen, ob wir eine neue Aufgabe in der Gemeinde beginnen, oder was immer es sein mag. Petrus kam an diesen Punkt in Kornelius' Haus, als er vor der Heidenschar zu predigen begann. Zweifellos fühlte er sich ein wenig unbehaglich, als er das tat. Dann kam der Heilige Geist auf die Versammlung herab; da zögerte Petrus nicht, auch von der Taufe zu sprechen – und alles, ohne vorher Rücksprache mit der Gemeinde in Jerusalem genommen zu haben.

Wenn wir eine gewisse Stufe erreicht haben, müssen wir aufgrund der augenblicklich vorliegenden Beweise endgültige Entscheidungen treffen und in dem Glauben voranschreiten, dass Gott seine Leute ehren wird, die mit ihm gehen und seinen Willen tun wollen. Was wir an diesem Punkt verstehen sollten, ist, dass wir nicht unbedingt eine hundertprozentige Sicherheit über die Richtigkeit unseres Tuns haben müssen. Wenn wir Zeugnisse von Führungen hören oder lesen, wie wir sie in diesem Buch finden, kann leicht der Eindruck entstehen, dass diese Leute im Augenblick der Entscheidung sicherer erschienen, als sie es tatsächlich waren – so, als seien sie eine andere Art von Christen oder als handelten sie im Vergleich zu uns von einer höheren Ebene aus. Das wäre ein Fehler. Wir wandeln im Glauben und bis zum Ende hin nicht im Schauen. Wir können nur sicher sein, es richtig gemacht zu haben, wenn wir zurückblicken. Dann wird alles klar sein. Gerade dieses Vorangehen im Glauben, selbst wenn wir keine hundertprozentige Sicherheit haben, ist Teil des göttlichen Erziehungsprogramms in unserem Leben.

Tim Symonds erblickte in Hongkong eine Notiz über einen Sprachlehrgang. Sofort dachte er, dass dies ein Gewinn für jede missionarische Arbeit sei, und meldete sich für den entsprechenden Kurs an. Er diente damals noch in der Armee und wusste gar nicht sicher, ob das für ihn nützlich werden könnte. Heute benutzt er diese Sprache, um in Hongkong Gemeinden zu gründen, und kann sehen, dass diese Entscheidung den Grundstein dazu legte. Als er den Kurs machte, wusste er noch nicht, ob er später nach Hongkong oder nach Hawaii gehen würde. Aber er glaubte, dass Gott ihm eine Tür geöffnet hatte.

Grundsatz 1:
Handle in Übereinstimmung mit Gottes Wort!

Tim Symonds und seine Frau Zinnia schlossen sich im Jahr 1981 der OMF an und arbeiten jetzt in Hongkong.

Der Dienst des Hauses des HERRN

Ich hatte acht Jahre lang in der britischen Armee gedient, wobei das christliche Zeugnis stets eine wichtige Rolle in meinem Denken und in meinen Aktivitäten eingenommen hatte. Aber immer deutlicher empfand ich eine zunehmende Spannung zwischen den konkurrierenden Ansprüchen, die meine christlichen Aktivitäten einerseits und mein Beruf andererseits auf meine zur Verfügung stehende Zeit erhoben. Ich begann daher, Gott zu fragen, ob ich unbegrenzt bei der Armee bleiben sollte. Um diese Zeit fand ich auf meinem Schreibtisch eine Notiz über freie Plätze für eine Sprachausbildung an der vom Verteidigungsministerium betriebenen Chinese Language School in Hongkong. Ich wurde hellwach und überlegte: ›Wenn ich eines Tages die Armee verlassen und Missionar werden sollte, wäre es doch nützlich, eine Sprachausbildung absolviert zu haben.‹ Ich entschloss mich zu prüfen, ob sich diese Tür öffnete. Und tatsächlich – dies geschah!

Als ich in Hongkong ankam, sprach Gott durch einen Vers in meiner täglichen Bibellese zu mir:

»Sei stark und mutig und handle; fürchte dich nicht und erschrick nicht! Denn Gott der HERR ... wird mit dir sein: Er wird dich nicht versäumen und dich nicht verlassen, bis alles Werk zum Dienst des Hauses des HERRN vollendet ist« (1. Chronik 28,20).

Diese Verheißung hatte ich in den nächsten zweieinhalb anstrengenden Jahren bitter nötig, und ich fragte mich, wie und wann ich diese Sprache im »Dienst des Hauses des HERRN« gebrauchen würde. Während ich bei der Armee Dienst tat, betrachtete ich die Armee als mein Missionsfeld. Darum wollte ich mich nicht nach anderweitigen Möglichkeiten umsehen. Außerdem war ich verpflichtet, weitere fünf Jahre bei den Streitkräften zu bleiben, nachdem ich den Kurs absolviert hatte. Noch vor Abschluss des Kurses hatte Gott mich zu meiner Lebenspartnerin geführt. Damit ich nicht den Eindruck erwecke, die Wegweiser meiner Führung seien immer und sofort kristallklar zu erkennen gewesen, muss ich sagen, dass ich manchmal meine Wegweisung verloren habe, was das »Quittieren des Militärdienstes« und auch andere Dinge betrifft. Trotzdem ist es wahr, dass Gott meine Fehler dazu benutzte, mir den Weg zu zeigen, den ich gehen sollte. Als meine Zukünftige vor unserer Verlobung kam, um meine Eltern zu besuchen, las ich am ersten Tag ihres Besuchs in *Daily Light*[2]: »Ich werde ihnen *ein* Herz und *einen* Weg geben, damit sie mich fürchten alle Tage, ihnen und ihren Kindern nach ihnen zum Guten« (Jeremia 32,39). Die Bedeutung davon erschlug mich fast, und als ich meinem hochgeschätzten Gast davon berichtete, sagte sie, sie hätte den gleichen Abschnitt gelesen und sei ähnlich tief davon berührt worden! Wir glaubten, dass die Hand des Herrn unsere Vereinigung segnete, und verlobten uns, noch bevor sie abreiste.

Mehrere Ehejahre gingen dahin; aber leider stellten sich keine Kinder ein. Uns wurde allmählich klar, dass Gott uns einer Glaubensprüfung unterzog, und wir wünschten uns Trost und neue Zusagen. Wir wiederholten den Vers, den wir bei unserer Verlobung gelesen hatten und der Kinder mit einschloss, und so

---

2   A. d. H.: Im englischsprachigen Raum weitverbreitetes Andachtsbuch, das es mittlerweile auch im Deutschen gibt *(Licht für den Tag)*.

glaubten wir, dass der Herr nicht von Kindern gesprochen hätte, wenn er die Absicht gehabt hätte, uns kinderlos bleiben zu lassen. Er gab uns eine neue Zusicherung, denn in den folgenden Jahren, als unser Glaube ganz tief gesunken war, hörten wir ihn zu uns durch Verse sprechen wie: »Das Ausharren aber habe ein vollkommenes Werk« (Jakobus 1,4), und: »Er, der doch seinen eigenen Sohn nicht verschont, sondern ihn für uns alle hingegeben hat: wie wird er uns mit ihm nicht auch alles schenken?« (Römer 8,32).

Mit der Zeit fragten wir uns, ob sich das Wort des Herrn auf eine Adoption bezog. Darum versuchten wir, in diese Richtung Schritte zu unternehmen. Aber unsere Bemühungen stießen auf sehr viele Schwierigkeiten, sodass wir unseren Herzensfrieden darüber verloren und zu der Erkenntnis kamen, dies könne nicht das sein, was der Herr für uns vorgesehen hatte. So überließen wir es Gott, wodurch unser Frieden zurückkehrte, und nicht lange danach geschah das Wunder – Empfängnis! Dabei war das Timing interessant: Wir hatten sieben Jahre gewartet, das kleine Mädchen wurde am siebten Monat des betreffenden Jahres geboren, und es wog 7 Pfund und 7 Unzen[3]! Gottes vollkommenes Einwirken wurde uns dadurch deutlich. Ich hatte während der Geburt meiner Frau die Hand gehalten, und so war es für mich ein freundlicher Kommentar, den ich in *Daily Light* las, bevor ich gegen Morgen zu Bett ging: »Zwei sind besser daran als einer, weil sie eine gute Belohnung für ihre Mühe haben« (Prediger 4,9).

Zwischen unserer Heirat und der Geburt unseres Babys hatte Gott uns neue Weisung für unseren weiteren Weg gegeben. Die Armee teilte mir mit, dass ich in zwei Jahren nicht mehr benötigt würde, weil der Verteidigungshaushalt gekürzt werde. Ich hatte auf grünes Licht gewartet, um das Militär verlassen zu können – und jetzt war es da. Der Herr bestätigte das,

---

3 A. d. H.: D. h. etwa 3375 Gramm.

indem er dafür sorgte, dass wir demselben Bibelvers innerhalb von 14 Tagen in vier unterschiedlichen Zusammenhängen begegneten. Als Erstes kam meine Frau von einem Treffen zurück, wo sie einen neuen Chorus gelernt hatte. Er war eine Vertonung des Textes aus Jesaja 61,1. Dort heißt es: »Der Geist des Herrn, HERRN, ist auf mir, weil der HERR mich gesalbt hat, den Sanftmütigen frohe Botschaft zu bringen, weil er mich gesandt hat, die zu verbinden, die zerbrochenen Herzens sind, Freiheit auszurufen den Gefangenen und Öffnung des Kerkers den Gebundenen.« Ein oder zwei Tage später enthielt unsere tägliche Bibellese dieselben Worte aus Jesaja 61. Die dritte Gelegenheit kam, nachdem wir in besonderer Weise wegen unserer Zukunft gebetet hatten und ich mich geleitet fühlte, auf unseren Kalender zu schauen. Der Text des Tages war Jesaja 61,1. Und schließlich, als wir wenige Tage später einen Gottesdienst besuchten, fiel uns derselbe Vers als Überschrift auf dem ausgeteilten Liedblatt ins Auge!

Nach zwei Jahren Dienst in einer mit dem Heer verbundenen christlichen Organisation und einem sich anschließenden Jahr der Hilfe unter vietnamesischen Flüchtlingen hörten wir in einer Predigt den Aufruf zu persönlichem Dienst, den wir auf uns bezogen. Inzwischen hatte mein Kantonesisch[4] begonnen, brauchbar zu werden »zum Dienst des Hauses des HERRN«. Bis dahin enthielt unser Dienst auch viel Arbeit an den Menschen; aber diese war meistens administrativer Natur. Wir testeten diesen Aufruf zur Weitergabe des Evangeliums, indem ich mich um die Ordination in der anglikanischen Kirche bewarb; aber diese Tür blieb verschlossen, und wir fragten uns, ob wir uns verhört hatten.

Als wir weiterbeteten, blieb das Gefühl bestehen, wir wären dazu bestimmt, uns für künftige Schritte bereitzuhalten. Versuche, ein Haus zu kaufen, schlugen fehl. Dann kam eines Tages

---

4   A. d. Ü.: Gebräuchliche Sprache im Süden Chinas.

unsere OMF-Zeitschrift *East Asia's Millions* bei uns an, und die Aufmerksamkeit meiner Frau wurde von einem Artikel erregt, in dem es hieß: »Betet für Mitarbeiter in der Gemeindegründungsarbeit in Hongkong!« Etwa zur gleichen Zeit erhielten wir einen Brief vom OMF-Heimatdirektor, dem wir unsere Situation geschildert hatten. Er erwähnte die gleiche Notlage. Das war direkt an unsere Herzen gerichtet. Dann lasen wir eine wunderbare Verheißung: »Habe deine Lust am HERRN, so wird er dir geben, was dein Herz begehrt« (Psalm 37,4; Schlachter 2000). Der Nebel hob sich, die Wegweiser wurden deutlicher, und wie selbstverständlich öffneten sich uns die Wege nach Hongkong mit der OMF. Eine weitere Bestätigung, dass dies der Wille des Herrn war, ergab sich so: Ich erwähnte einer Kollegin gegenüber, dass ich einen Nachfolger für meine Arbeitsstelle brauchte, und sie wusste sofort, wer dafür infrage kam.

Dass wir wieder im »Dienst des Hauses des HERRN« in den Fernen Osten fahren durften, erschien uns wie ein Traum, der wahr geworden war. Stets bereit zu sein, alles loszulassen, war nicht immer leicht. Mitunter waren wir versucht, lieber auf dem uns bekannten Terrain zu verharren, als Neuland zu erforschen; aber die Erfahrungen mit der göttlichen Führung waren unermesslich wertvoll für unsere Bereitwilligkeit, jeden Richtungswechsel mitzumachen. Gott führt diejenigen wirklich, die gelernt haben, auf ihn zu hören – so wie er verheißen hat: »Wenn ihr nach rechts oder wenn ihr nach links abbiegt, so werden deine Ohren ein Wort hinter dir her hören: Dies ist der Weg, wandelt darauf!« (Jesaja 30,21).

Anne Ruck und ihr Mann John sind Engländer und kamen 1978 zur OMF.

Alles nur ein scheußlicher Fehler?

Weil ich unser Auto schieben musste, kam es zu meiner ersten Fehlgeburt.

Ich fuhr spät abends nach einem Anbetungs- und Erweckungs-Wochenende, das in unserer Heimatgemeinde in Birmingham stattgefunden hatte, allein zum All Nations Christian College zurück. John hatte Verpflichtungen im College zu erfüllen, und ich war froh, dass ich frei hatte und an einer so belebenden Zeit des Lernens und der Gemeinschaft teilhaben durfte; außerdem freute ich mich wegen der Gelegenheit, meine Schwangerschaft anderen mitzuteilen. Von irgendwo unten im Auto kam ein eigenartig klapperndes Geräusch. Anfangs überhörte ich es einfach. ›Vertrau auf Gott, der die Reisenden beschützt!‹, sagte ich mir. Doch nur einige Augenblicke später dachte ich: ›Sieh besser eben mal nach!‹ Ich hielt unter einer Straßenlaterne und öffnete die Motorhaube. Aber die geöffnete Motorhaube behinderte das Licht. Darum gab ich dem Auto einen Stoß, um es ein Stück zurückzuschieben. Dadurch konnte ich alles genau anschauen – allerdings in völliger Unkenntnis: den Kühler, den Anlasser und all das andere technische Zeug. (Meine Autokenntnisse sind gleich null.) Dann knallte ich die Motorhaube zu, und ich fuhr ganz vorsichtig noch weitere 130 Kilometer. Dann begannen die Blutungen. Schlagartig wurde mir bewusst, dass ich ein neues Leben in mir trug und es gerade eben verloren hatte.

Die zweite Fehlgeburt, wieder nach neun Wochen, wurde in der Klinik formal wie eine Abtreibung betrachtet. Sie war für mich – trotz der Schmerzen – wie eine Erleichterung, weil sie mich von den noch immer unerledigten Schuldgefühlen wegen der ersten befreite. Das Krankenhauspersonal war freundlich und tüchtig. Man schlug mir Bluttests und Röntgenuntersuchungen vor. Alles erwies sich als negativ.

Als ich im Bett lag und innerhalb eines Jahres meine dritte Fehlgeburt erwartete, begann der Herr, mich sanft zu belehren. An der Wand hing ein zweifarbiges Poster – ein kahler Baum in einer öden, schneebedeckten Landschaft. »Der Glaube … ist eine Verwirklichung dessen, was man hofft, eine Überzeugung von Dingen, die man nicht sieht« (Hebräer 11,1). Unser Pastor hatte am letzten Sonntag darüber gepredigt. »Glaube«, so sagte er, »vertraut auf Gott, auch wenn alle Beweise auf das Gegenteil deuten.« Wie Abraham, der immer nur als Fremdling in dem Land wohnte, das seinen Nachkommen verheißen war. Oder wie Sadrach, Mesach und Abednego, die – *bevor* sie wussten, dass Gott sie aus dem glühenden Ofen befreien würde – zu dem König Nebukadnezar sagten: »Und auch wenn es nicht so sein soll, so wisse, o König, dass wir deinen Göttern nicht dienen und auch das goldene Bild nicht anbeten werden, das du aufgestellt hast!« (Daniel 3,18; Schlachter 2000). Ihr Vertrauen auf Gott stand fest – einerlei, was dabei herauskam.

Als die Schmerzen begannen und das Befürchtete unabwendbar wurde, sang ich:

Hilf mir wandeln im Vertraun,
mehr im Glauben als im Schaun,
und auf Deine Treue baun –
lehr mich Deinen Weg!

Diesmal schlug man für uns beide Chromosomentests vor, und der Gynäkologe wies ziemlich gereizt darauf hin, dass der Nationale Gesundheitsdienst ein kleines Vermögen ausgegeben hätte, nur um zu beweisen, dass ich gesund sei. Wieder waren die Ergebnisse negativ. »Es gibt keinen einsehbaren Grund, weshalb Sie das nächste Mal nicht ein vollkommen gesundes Baby bekommen sollten«, war die Ansicht einer Reihe von Ärzten, als wir England im Februar 1978 verließen, um an dem OMF-Orientierungskurs in Singapur teilzunehmen. Wir folgten dem, was wir für die Berufung durch den Herrn hielten und was uns durch unsere Gemeinde und durch die OMF bestätigt worden war: dem Herrn in Indonesien zu dienen.

Ich hatte meine vierte Fehlgeburt im Oktober des gleichen Jahres in Malaysia.

Visa für Indonesien waren schwer zu bekommen. Nach drei Monaten, die mit Vorlesungen und weiterer Orientierung in Singapur ausgefüllt waren, wurde ein kleiner Trupp missionarischer »Frischlinge« in das relativ ruhige OMF-Missionsheim nach Kuala Lumpur geschickt. Niemand wusste, wann die Visa genehmigt werden würden; inzwischen konnten wir mithilfe von Kassetten, Büchern und mit Unterstützung eines indonesischen Lehrers unsere Sprachkurse in angenehmer Umgebung beginnen. Die malaiische Sprache, die dem Indonesischen nahe verwandt ist, lieferte uns Möglichkeiten zum Üben. Wir hatten keine Verantwortlichkeiten und kein Haus in Ordnung zu halten. Wir hatten nichts zu tun, als zu studieren, und konnten außerdem die moderne medizinische Versorgung im Haus nutzen. Wir beteten, wir redeten, wir fragten um Rat, und wir waren sicher, dass dies Gottes Zeit und sein Ort für eine erfolgreiche Schwangerschaft wären.

Nichts war von Anfang an normal, und die neunte und die zwölfte Woche waren besonders angespannte Zeiten, eingedenk der früheren Enttäuschungen. Aber zu dieser Zeit hatten wir gründlicher Gottes Willen zu erkennen gesucht und gewannen allmählich die Überzeugung, dass er diesmal Heilung schenken werde. Markus 5 drängte sich uns jedes Mal neu auf. Für mich war es die Geschichte von Jairus' Tochter, die zu mir sprach; für John war es das Wunder, das die Frau mit dem Blutfluss erlebte. So viele Ärzte (auch ich hatte Spezialisten an drei verschiedenen Orten in England aufgesucht) hatten die Sache nur schlimmer gemacht, doch als sie Jesu Kleid berührte, wurde sie gesund. Ab der 13. Woche war ich ans Bett gefesselt und dem Abwarten ausgeliefert.

»Sollten wir jemanden bitten, mir die Hände aufzulegen? Oder sollten wir öffentlich in der Gebetsversammlung ankündigen, dass wir glauben, Gott werde mich heilen?«

»Nicht nötig«, sagte John. »Wir glauben, dass der Herr dich heilen wird. Das ist das Einzige, was zählt.«

Wir glaubten. Ja, bis zur letzten Minute klammerte ich mich an die Worte, die Jesus dem Jairus sagte, als man diesem mitteilte, seine Tochter sei gestorben: »Fürchte dich nicht; glaube nur.«

Nur glauben! Bis der Beweis unmissverständlich auf dem Tisch lag, nämlich die Notiz für meine Krankenakte: »Spontane Fehlgeburt in der 14. Woche«.

Nur glauben! Aber was war übrig geblieben, woran wir noch glauben konnten?

Versteht mich bitte nicht falsch. Ich glaubte an Gott. Die Liebe unseres Vaters übersteigt unser Verstehen, und wenn wir einmal gespürt haben, wie er uns in seine ewigen Arme geschlossen hat, kann es keinen Zweifel daran mehr geben. Was zerschmettert war, das war der Glaube an *uns*, an unser Vermögen, seine Stimme zu hören und zu verstehen, oder vielleicht – ja, verzeiht mir – an seine Deutlichkeit (oder seine Zuverlässigkeit?), seinen Willen bekannt zu machen. Hätten wir um Handauflegung bitten sollen? War unser Glaube zu klein, sodass Gott nicht heilen konnte? Aber unser Glaube war echt gewesen. Hatten wir uns einfach geirrt? Wie konnten wir aber dann unserem Gefühl, geführt zu werden, in anderen Dingen trauen? Was war dann die »Führung« wert, die uns geleitet hatte von dem Zaudern zur Willigkeit und schließlich zur Gewissheit, sodass wir Heimat, Verwandtschaft, Arbeitsstelle und Sicherheit (wie wir meinten) verließen, um in ein furchterregendes (wie wir meinten) Unbekanntes hinauszutreten? Wir waren ganz sicher, dass Gott heilen würde. Er hat es nicht getan. Wir waren sicher, dass Gott uns nach Indonesien gerufen hatte. Nun waren wir schon sechs Monate in Malaysia, und von den Visa war weit und breit nichts zu sehen. Ältere Missionare, die durch Kuala Lumpur reisten, fragten:»Wohin wollt ihr gehen, wenn/falls ihr zurückgerufen werdet?« War denn alles nichts als ein scheußlicher Fehler?

Die neuseeländische OMF-Missionarin Val Sands gab uns einen freundlichen, klugen Rat. Sie regte an, diese Gefühle mit einer kleinen Gruppe von Gebetspartnern zu teilen. In unserer Heimatgemeinde in Birmingham gab es genau eine solche Gruppe treu sorgender Freunde, die regelmäßig für uns beteten und die uns zu gut kannten, um schockiert zu sein, wenn wir ihnen unsere Zweifel und Ängste offenbarten. Ihre Briefe und Gebete und ihr Mitempfinden waren eine Rettungsleine für uns. Die Bibelverse, die sie uns schickten, habe ich jetzt vergessen; aber ihre Botschaft blieb stets dieselbe:»Vertraut!« Ihr Rat war zu warten, bis ich weitere ärztliche Spezialisten befragen konnte – was wahrscheinlich erst möglich war, wenn wir im Jahr 1982 nach Hause auf Urlaub fuhren. Ich fühlte mich getröstet; aber auch ein wenig enttäuscht, hatte ich doch auf irgendein dramatisches »Wort des Herrn« gehofft. Aber ein solches Wort kann manchmal ein sehr prosaisches Gesicht haben.

Gerade als unser Baby geboren worden wäre, bekamen wir unsere Visa nach Indonesien (dann hätten wir von einem perfekten Timing gesprochen). Zunächst mussten wir nach Singapur, um sie abzuholen. Beryl Anderson, der uns oft genug in unserer Lethargie aufgemuntert hatte und ein starker Turm in dunklen Zeiten war, sagte während unseres Aufenthalts in Singapur, wir sollten einen christlichen Gynäkologen, Dr. Quek, aufsuchen, der bereits anderen OMF-Mitarbeitern geholfen hatte. Ich wollte überhaupt nicht mehr an Ärzte und an Babys denken. Uns schien es klar zu sein, dass Gott am Ende nicht verpflichtet ist, uns Kinder zu geben. Aber ein Gespräch mit der OMF-

Ärztin Dr. Monica Hogben führte zu einem Gelegenheitsanruf bei Dr. Quek wegen einer Kleinigkeit, die mit meinem Fall zusammenhing. Seine sofortige Reaktion war: »Ich meine zu wissen, was die Ursache für diese Symptome sein kann.« Und eine Stunde später wurde ein Abstrich für eine Untersuchung gemacht.

Nach elf Monaten war unsere Liebe zu Malaysia gewachsen, auch konnten wir die geistlichen Nöte dieses Landes immer deutlicher spüren. Aber die indonesischen Visa kamen doch wie ein Ruf aus der Heimat. Nicht einmal unser erster Eindruck von Jakarta konnte uns abschrecken. Der Gestank von Urin kämpfte in unseren Nasen mit dem Geruch von verrottendem Gemüse und verfaulendem Fisch. Das unaufhörliche, nicht schall-gedämpfte Dröhnen von Maschinen, die schrille Musik und die gellenden Rufe bombardierten unsere Trommelfelle. Schiebende Hände und aufdringliche Gesichter versperrten uns den Ausblick auf überfließende Gewässer, in denen bergeweise Abfall schwamm, während Lumpen, verkrüppelte Füße und andere unheimliche Deformationen wie Albträume auf unseren Sinnen lasteten. Aber überall war es grün. Man sagt, wenn man in Indonesien einen Besen auf die Erde wirft, sprießen Blätter daraus hervor. Und überall war Leben – überquellendes, schwitzendes, lachendes und liebendes Leben. Hier und da trafen wir auch indonesische Christen, die es gewohnt waren, mit Problemen zu kämpfen, denen wir nie begegnet waren, und aus allem gingen sie mit einem freudigen, glühenden Glauben hervor, der uns das Vorrecht geschenkt hatte, Kinder desselben Vaters zu sein.

Bei einem OMF-Gebetstreffen in Jakarta teilte uns Gebietsdirektor David Ellis seine Gedanken über die Stillung des Sturmes mit (Markus 4). Galiläische Stürme waren etwas Besonderes. Kühle Luftströme kamen durch enge Passwege vom schneebedeckten Hermon herab und stießen mit gewaltiger Wucht auf die heiße Luft in der galiläischen Senke, die etwa 210 Meter unter dem Meeresspiegel liegt. Die zähen Fischer wussten gewöhnlich, mit ihrem Boot auf dem See umzugehen. Als aber die Wogen über die Bordwände schlugen, bekamen sie es mit der Angst zu tun. »Wir hätten niemals hierherkommen sollen! Unsere Führung hat völlig versagt!« Sagte einer der Zwölf das? Jesus selbst hatte ihnen doch befohlen, über den See zu fahren. Dann musste auch der Sturm Teil seines Planes sein. Sie waren überwältigt von seiner Kraft, als er Wind und Wellen beruhigte. Aber was wäre geschehen, wenn sie nicht in Panik geraten wären und hätten Jesus schlafen lassen? Ganz sicher wäre Gottes Schutz nicht weniger sicher gewesen.

Bald danach kam ein Brief aus Singapur, in dem stand, dass die Probe positiv gewesen sei. Ich hatte eine bakterielle Infektion. Und das Heilmittel? Ich sollte zunächst eine vierwöchige Kur mit Antibiotika machen, und zwei Wochen darauf wurde ich schwanger. Ganz einfach! Aber ohne den Besuch bei Dr. Quek hätten wir das nie erfahren. Und ohne die vierte Fehlgeburt in Malaysia hätten wir nie Dr. Quek konsultiert. Unser »Sturm« war ein notwendiger erster Teil in Gottes Heilungsprozess. Wie schade war es, dass ich vergessen hatte, im Glauben zu wandeln!

Und dann, am 5. August 1980, wurde unser erstes Kind im Gleneagles Hospital in Singapur per Kaiserschnitt zur Welt gebracht. Ich erinnere mich an die gespannten Gesichter, als ich aus der Narkose erwachte – riesengroß und dann zurückweichend –, an die widerhallenden Stimmen und an ihre wichtige Botschaft, die ich aber zunächst nicht richtig verstand, dann aber plötzlich begriff: »Es ist ein Junge!« Ein schläfriges, wunderschönes Baby mit rundem Gesichtchen. Wir nannten es Nathan – Gabe Gottes.

Und jetzt haben wir zwei Kinder, Nathan und Stephanie. Gott gibt niemals ungern oder nur zur Hälfte.

Es ist nicht immer leicht, zu einer zweiten Dienstzeit zurückzukehren; aber für mich wird die dritte die schwierigste sein. Dann müssen wir damit fertigwerden, unsere Kinder in die

Chefoo School in Malaysia fortzugeben. Ich will mich aber dann daran erinnern, dass wir, wenn wir England nicht verlassen hätten, höchstwahrscheinlich immer kinderlos geblieben wären.

Ich hoffe, dass ich dann daran denken werde, wie Gott sie mir gegeben und wie er in Liebe an mir gearbeitet hat, als alles ganz finster für mich aussah. Und ich bete dafür, dass er, wenn der Abschied hart erscheint, mich befähigt, seiner Fürsorge zu vertrauen, und zwar glaubensvoll und nicht widerwillig. *Das* wird auch kein kleines Wunder sein.

Hudson Taylor war Gründer und erster Generaldirektor der China-Inland-Mission.

Gottes Wille heißt Geben

»... der sich selbst für unsere Sünden gegeben hat, damit er uns herausnehme aus der gegenwärtigen bösen Welt, nach dem Willen unseres Gottes und Vaters« (Galater 1,4).

Der Wille und die Absicht Gottes werden uns in der Bibel sehr eindrucksvoll vor Augen gestellt. Von unserem Herrn Jesus Christus lesen wir: »... der sich selbst für unsere Sünden gegeben hat, damit er uns herausnehme aus der gegenwärtigen bösen Welt, nach dem Willen unseres Gottes und Vaters.« Diese große Absicht kam nicht im Nachhinein auf, als Satan der wunderbaren Schöpfung großen Schaden zugefügt hatte. Ganz weit weg, in der Ewigkeit vor aller Zeit, hatte der Vater einen Schatz – seinen viel geliebten Sohn. Von ihm wird uns gesagt: »Der HERR besaß mich im Anfang seines Weges ... da war ich Werkmeister bei ihm und war Tag für Tag seine Wonne« (Sprüche 8,22.30).

Er war es, dem der Vater bei Erschaffung der Welt die Ausführung seines herrlichen Planes anvertraute; und in ihm fand er einen, der immer bereit war, seinen Willen zu tun. Dann erschuf er den Menschen in seinem eigenen Bild, doch schon bald wurde sein Ebenbild im Menschen entstellt. Weil er das vorausgesehen hatte, hatte er lange zuvor nach seinem eigenen Willen den Vorsatz zur Erlösung des gefallenen Menschengeschlechts gefasst. Oh, wie groß war diese Erlösung! Der Geliebte musste hingegeben werden! Und zu diesem Preis erfüllte Gott seinen eigenen Willen. »So hat Gott die Welt geliebt, dass er ... gab« (vgl. Johannes 3,16).

Und dann der Sohn Gottes – der Gegenstand der Liebe des Vaters: Wie sah er den Willen Gottes an? Machte er sich gezwungenermaßen zu nichts? Nein! »... der um der vor ihm liegenden Freude willen das Kreuz erduldete und dabei die Schande für nichts achtete« (Hebräer 12,2; Schlachter 2000). Er gab sein Leben als ein williges Opfer hin.

Ach, wie wenig sind wir in den Geist des Vaters und des Sohnes eingedrungen! Was für untreue Diener sind wir gewesen! Froh, auf Kosten des Lebens eines Erlösers gerettet zu sein, sind wir doch so wenig bereit, unser Leben seinem Dienst zu weihen. Gibt es einen unter uns, der frei von Blutschuld in Bezug auf eine sterbende Welt ist? Ist es möglich, »Mein Alles liegt auf dem Altar« zu singen und nicht bereit zu sein, einen Ring von unserem Finger oder ein Bild von unseren Wänden hinzugeben oder ein Kind aus unserer Familie ziehen zu lassen, wenn es um die Rettung der Heiden geht? Wo ist jene Umgestaltung, jene Erneuerung unserer Gesinnung, die unsere Körper wirklich zu lebendigen Opfern macht?

Grundsatz 2:
Sei ein Mensch des Gebets!

Larry Dinkins aus den USA wurde im Jahr 1980 Mitarbeiter der OMF.

Kein blendendes Licht

Die meisten Missionare, mich eingeschlossen, haben niemals blendende Lichter oder brennende Dornbüsche gesehen und wurden nie von einem großen Fisch auf den Weg des Gehorsams Gott gegenüber zurückgebracht. Was mich angeht, habe ich nie einen alles überwindenden Ruf gehört, Gott in Asien zu dienen. Mir wurde es einfach *befohlen* – wie allen, die dieses Buch lesen. Obwohl mein Weg nach Thailand nicht so spektakulär wie der des Paulus nach Rom war, zeigte er sich für mich doch genauso real.

Gebet
Ich erwähne das Gebet als Erstes, weil diese Seelenübung den größten Einfluss auf mein Kommen nach Asien hatte. Als ich das zweite Jahr am Seminar studierte, wurde ich herausgefordert, für einen bestimmten Missionar namentlich zu beten. Nicht, dass ich bis dahin nicht für Mission gebetet hätte, aber meine Gebete für dieses Anliegen blieben immer sehr unkonkret, sodass bei mir gar kein wirkungsvolles und konkretes Flehen aufkommen konnte. Mir wurde der Name eines Dr. Henry Breidenthal genannt. Dieser war Präsident des Bangkok Bible College, und ich sollte täglich für ihn beten. Darum interessierte mich das Leben dieses Abgängers meines Seminars, der nicht nur Mediziner, sondern auch Linguist war. Und

so fing ich an, ihn täglich vor Gott zu bringen, obwohl meine Kenntnis von ihm zunächst auf ein Gebetskärtchen mit seinem Bild beschränkt war.

Es gehörte zu Gottes Timing, dass ich an einem monatlichen Gebetstreffen der OMF teilnahm, was mein Interesse an Asien weiter wachsen ließ. Ich erinnere mich gut an ein Treffen, bei dem ich gerade mein Herz vor Gott für Dr. Breidenthal ausgeschüttet hatte. Dabei hatte ich alle Probleme erwähnt, von denen ich annahm, dass er, seine Frau und seine Kinder in dieser Hochburg des Buddhismus betroffen waren. Gleich darauf nahm mich ein pensionierter Missionar beiseite und flüsterte mir ins Ohr: »Larry, Dr. Henry ist Junggeselle.«

Das war eine Lektion, die ich nicht so schnell vergessen habe. Wir müssen up to date sein, was die spezifischen Informationen über unsere missionarischen Gebetspartner angeht. Jakobus 4,3 sagt uns: »Ihr bittet und empfangt nichts, weil ihr übel bittet.« Das schließt gewiss auch unsere vagen Bitten ein, auf die Gott auch nur vage antwortet.

Die Teilnahme an diesen monatlichen Gebetstreffen, die Begegnung mit verschiedenen Missionaren, das Essen asiatischer Mahlzeiten und das Hören von Möglichkeiten, in Asien zu evangelisieren, befreite mich langsam von den Missverständnissen, die sich in meinem Kopf über Missionare und Missionswerke festgesetzt hatten. Diese Gebetstreffen waren anders als alles, was ich bisher jemals erlebt hatte. Da wurde echtes Interesse an Leuten gezeigt, die weit durch Raum und Zeit von uns entfernt, aber nah am Herzen des Heilands waren. Ich bin überzeugt davon, dass da, wo unser Gebetsinteresse liegt, auch unser Herz zu finden ist. Für mich war es unmöglich, Gott täglich darum anzuflehen, den drückenden geistlichen Nöten in Thailand zu begegnen und Arbeiter in sein Erntefeld zu schicken, ohne mich selbst miteinzubeziehen. Es war, als ob der Herr sagte: »Larry, du kannst selbst dazu beitragen, dass deine Gebete erhört werden, indem du dich selbst zum Dienst in Asien zur Verfügung stellst.«

Jetzt, wo ich am Ende meiner ersten Einsatzzeit als Missionar stehe, erscheint mir die Notwendigkeit, gemeinsam zu beten, noch größer. Was daheim nur Theorie war, wurde zur Erfahrung in der täglichen Mühle des Missionarslebens. Jetzt kann ich erst richtig verstehen, warum Missionare nach Hause schreiben und um Gebetsunterstützung bitten, damit ihnen Weisheit, Einsicht und Bewahrung bei ihrem Kampf um die Seelen der Menschen geschenkt werden. Es ist ein großer Trost, wenn man weiß, dass bei einer Predigt, in der man den Leuten das Evangelium vorstellt, 200 Beter hinter einem stehen. Tatsächlich wäre es geistlicher Selbstmord, in Satans Domäne eindringen zu wollen, die er seit Hunderten von Jahren beherrscht, ohne Männer und Frauen zu haben, die wie Aaron und Hur die oft müde werdenden Hände der Missionare hochhalten.

Leute

Als Kind stellte ich mir einen Missionar als einen Menschen mit Tropenhelm vor, der in der einen Hand eine Machete und in der anderen eine Bibel hält. Ich wuchs in einer ziemlich liberalen Gemeinde auf und kann mich nicht erinnern, jemals einen Missionar gesehen oder eine Missionspredigt gehört zu haben, geschweige denn, an einer Konferenz über dieses Thema teilgenommen zu haben. Ein Missionar war für mich ein seltsamer Vogel, und die Idee, selbst einmal einer zu werden, war so weit entfernt wie die Falklandinseln. Für mich war es ein großer Schock, als ich lernte, dass Missionare aus dem gleichen Holz geschnitzt sind wie ich. Wenn man in sie hineinsticht, bluten auch sie. Zwei derartige Leute, deren Vornamen zufällig fast identisch sind, halfen mir, mein Leben zu formen.

Lewis McClain war Missionar in Brasilien gewesen, bevor er nach Texas zurückkehren musste. Als Seminarist, 320 Kilometer von Mutters gewohnter Kochkunst entfernt, fand ich es wunderbar, jeden Sonntag am reich gedeckten Tisch der McClains sitzen zu dürfen. Weil er und seine Frau nur ein Kind hatten, wurde ich von ihnen aufgenommen, als wäre ich ihr älterer Sohn. Lewis war es, der mich in den aufregenden Dienst an Gefängnisinsassen einführte. Für ihn war Evangelisation zur Lebensaufgabe geworden, wie wir in Texas sagen: »Er predigt alles an, was sich bewegt.« Lewis bin ich für sein tiefes Interesse an denen, die von der Gesellschaft gewöhnlich übersehen werden, zu Dank verpflichtet. Das war für mich hier in Zentral-Thailand sehr wichtig, wo ein hoher Prozentsatz der Christen an Lepra erkrankt ist.

Ein anderer Mann, den Gott in meinem Leben gebrauchte, ist Louis Almond. Bevor er in Rente ging, hatten seine Frau Stella und er jahrzehntelang sowohl in China als auch in Thailand im Missionsdienst gestanden. Stella machte mich mit Thai-Curry vertraut, Louis mit den schrecklichen Nöten in Thailand. Ich werde nie vergessen, wie er erklärte, dass die Christen insgesamt nur etwa ein Prozent der Bevölkerung von 50 Millionen Menschen ausmachen, wobei es dort allein beinahe 30 000 buddhistische Tempel und nur knapp 60 000 evangelikale Christen gibt.

Solche Statistiken sind von Gott schon oft benutzt worden, Leute aufs Missionsfeld zu rufen, und auch auf mich übten sie eine profunde Wirkung aus. Louis hat, wie die Thai sagen, ein »kühles Herz«, was unabdingbar ist, weil man so vielen »heißen« Situationen zu begegnen hat. Als Gastgeber der monatlichen OMF-Gebetstreffen haben seine Liebe und seine gottgewirkte Anteilnahme am Ergehen anderer Mitarbeiter nicht nur mich, sondern noch zahllose andere tief bewegt.

Bei der OMF werden der Ehemann und seine Frau gemäß ihrer Bewährung gesondert akzeptiert. Keiner Ehefrau ist es erlaubt, an den Hemdzipfeln eines begabten Mannes in dieses Werk zu gelangen. Tut sie es doch, wird sie erleben, dass die Hemdzipfel abgeschnitten und beide nach Hause geschickt werden. Glücklicherweise hatte Gott meine Frau Paula bereits für mich vorbereitet. Sie hatte sich in einer großen übergemeindlichen Organisation eingesetzt. Als Empfangssekretärin war sie in der Lage, vielen Missionaren zu begegnen und für sie tätig zu sein. Es war tröstlich für mich zu sehen, wie Gott sie zu dem Punkt gebracht hatte, willig zu werden, dahin zu gehen, wo immer er sie führte.

Was meine Eltern betrifft, so muss ich hier ihre liebevolle Unterstützung erwähnen. Als einziger Sohn war ich dafür prädestiniert, ein ziemlich großes Familienunternehmen weiterzuführen. Daher muss meine Entscheidung, nach Thailand zu gehen, für meinen Vater hart gewesen sein. Dennoch erkannten meine Eltern an, dass sie dem Willen des Herrn entsprach. Sie stehen im Gebet hinter uns, und nachdem sie uns sogar auf dem Missionsfeld besucht haben, können sie nun konkreter beten und besser verstehen, womit wir hier konfrontiert sind.

Vorbereitung

In Lukas 14,25-33 sagt uns Jesus, dass wir die Kosten für eine völlige Hingabe an Christus in einem Leben des Dienstes genau überschlagen sollten. »Denn wer unter euch, der einen Turm bauen will, setzt sich nicht zuvor hin und berechnet die Kosten, ob er das Nötige zur Ausführung hat?« (V. 28). Nachdem ich mit Menschen gebetet und diskutiert hatte, bestand der letzte Schritt darin, die Kosten des Missionsdienstes sorgfältig zu überschlagen.

Bevor ich ins College eintrat, hatte ich sorgfältig kalkuliert, was wohl dazu gehörte, ein Bankmanager zu werden, und danach mein Augenmerk auf dieses Ziel gerichtet. Die Begegnung mit Christus in meinem zweiten Studienjahr veränderte alles und brachte mich auf den Weg ins Seminar in Dallas. Der Gründer unseres Seminars hatte geschrieben, dass das Ziel des Seminars und des Studiums des göttlichen Wortes die Bekehrung der Heiden sei. Doch als ich mich bei unseren Absolventen umschaute, schien es, als habe die Mehrheit vor, die bereits Bekehrten zu »bekehren«. Diese Haltung war zu erwarten, weil fast alle unsere

Vorbilder erfolgreiche Pastoren oder Professoren, aber keine Missionare waren. Doch meine Ausbildung im Finanzwesen hatte mich einen wichtigen Marketing-Grundsatz gelehrt: Kein Geschäftsmann überflutet einen bereits überfüllten Markt mit seinen Waren. In meiner kleinen Heimatstadt in Oklahoma hatte man den Eindruck, dass an jeder Straßenecke eine Kirche steht. Andererseits hatte ich begriffen, dass in Thailand weite Gebiete tatsächlich noch nicht mit Christus in Berührung gekommen waren. Da war es klar, dass auf Thailands unversorgtem Markt die »Güter« gebraucht wurden, von denen die USA Überfluss hatten. In der Sprache eines Geschäftsmannes ausgedrückt, war Thailand eine Goldgrube! Da gab es nichts Vergleichbares!

Nachdem die Hauptentscheidung zum Gehen gefallen war, kam der nächste Schritt: die Vorbereitung. Es war offensichtlich wichtig, sich mit unterschiedlichen Missionsgesellschaften vertraut zu machen. Der Prozess ähnelt jenen Schritten, mit deren Hilfe Gott einen Menschen zu seinem Ehepartner führt: Zuerst kommt das Werben, dann die Verlobung und danach die Heirat. Während meiner Phase des Werbens wurde ich von dem, was die OMF auszeichnet, beeindruckt – besonders von ihrem Nachdruck, den sie auf das Gebet und den biblischen Umgang mit Geld legt.

Zu der Vorbereitung gehörten auch das Studium von Büchern über die Lebensweisen und die Kultur der Thais und vor allem das Erlernen ihrer Sprache. Kurzzeitmissionare können gar nicht abschätzen, wie wichtig das ist. Für uns bedeutete das, ein Jahr lang intensiv die Fünf-Ton-Sprache in Bangkok zu studieren, bevor wir ins höher gelegene Landesinnere umzogen. Ursprünglich waren wir für Bangkok vorgesehen; aber Gott hat seine Weise, durch kluge Leiter zu führen, die in diesem Fall Zentral-Thailand als anfänglichen Einsatzort bestimmten. Die Gemeinde, in die sie uns schickten, war klein, weniger als 20 Gläubige, von denen die eine Hälfte kaum lesen konnte und die andere Hälfte an Lepra erkrankt war.

Auf einige Dinge kann man sich unmöglich vorbereiten, wie auf die fünf Einbrüche, die wir erlebten, oder auf Überschwemmungen, Krankheiten und zahlreiche Enttäuschungen. Doch das Vertrauen darauf, dass Gott uns bisher jeden Schritt geführt hatte, wirkte wie ein Anker mitten in den Turbulenzen der See vor der Küste Thailands. Wenn uns danach war, das Handtuch zu werfen und auszusteigen, hatte Gott immer einen Weg, um uns zu sagen: »Ich habe keinen Fehler gemacht, als ich euch nach Asien rief, und es ist kein Fehler, was ihr jetzt durchmacht. Ich habe alles unter Kontrolle, verlasst euch nur auf mich.« Offensichtlich ist Gott immer noch nicht fertig mit uns; somit werden wir irgendwie immer noch zubereitet für den missionarischen Dienst, und die stete Neuorientierung auf die Arbeit ist ein unaufhörlicher Prozess.

Ich bin Gott sehr dankbar, dass er das Gebet, andere Menschen und die Vorbereitung benutzt, mir die Richtung seines vollkommenen Willens für mein Leben zu zeigen. Und offen gesagt, das ist alles, was wirklich zählt – sei es, dass man daheimbleibt oder ins Ausland geht. Gott ist der Gute Hirte, und es ist seine Verantwortung zu leiten. Wir sind die Schafe seiner Weide und müssen daher sensibel für sein sanftes Führen sein.

Nachtrag (Februar 2016)

Nach mehrjähriger Missionstätigkeit in Zentral-Thailand wechselte Larry Dinkins 1987 ans Bangkok Bible College, wo er mit dem oben erwähnten Dr. Henry Breidenthal zusammenarbeitete. Etwa 13 Jahre später gründeten beide gemeinsam das Chiang Mai Theological Seminary (ebenfalls in Thailand). Nachdem seine Frau Paula im März 2011 in den USA heimgegangen war, reiste L. Dinkins erneut nach Thailand aus.

Frank Harris ging 1941 zuerst nach China und arbeitete später in Indonesien und Taiwan. Er starb 1983.

Gott führt zu einem Opiumraucher

Die ersten ein oder zwei Jahre in einer östlichen Kultur können zu einer Zeit der Unruhe und der gründlichen Korrektur werden. Zu Hause war man sehr aktiv und vielleicht auch erfolgreich und leider manchmal sogar als einer jener hingegebenen Missionare gefeiert, die ganz oben am Tisch der christlichen Honoratioren Platz nehmen durften. Und plötzlich ist man ein Nobody, sprachlos und darum unnütz, und das mitten in einem Meer chinesischer Gesichter. Das wird zu einer schweren Probe für Glauben, Ausharren und alle christlichen Tugenden, wenn du dann auch noch von der Reizbarkeit und der Kritik deiner Kollegen herausgefordert wirst. Diese Mitarbeiter mögen ganz anders sein als man selbst – vielleicht ein bisschen altmodisch, und auch ihre Arbeitsweise scheint uns »tollen, gut ausgebildeten« Jüngeren nicht die effektivste zu sein.

So erging es mir im ersten Jahr, weit weg in einem Landstädtchen in Westchina. Meine Vorgesetzten in der Mission waren hingegebene Arbeiter und kannten die Sprache ausgezeichnet, sodass sie mir in meinen Anfangsschwierigkeiten mit dem Chinesischen gut helfen konnten. Allerdings war ich als Unverheirateter natürlich ein Experte, was Kindererziehung anging, und meine lieben Kollegen mit der längeren Diensterfahrung hatten leider ihr Diplom nicht gerade in diesem Fach gemacht! Ich wurde ziemlich kritiksüchtig, und mein geistliches Leben ging dementsprechend zurück.

Eines Morgens überführte mich der Herr sehr deutlich meiner unchristlichen Verhaltensweisen, und in meinem Elend bekannte ich dem Herrn meine Fehler. Ich sagte ihm, dass ich daheim ein viel besserer Christ gewesen war und dass er mich vielleicht als »Leergut« wieder nach Hause schicken sollte. Doch als ich dabei war, dem Herrn meine Sünden zu bekennen, schien es mir, als sagte der Herr sehr deutlich zu mir: »Geh zu Mr. Hsieh und sag ihm, er solle Buße tun!«

Ich unterrichtete einige Stunden Englisch in einer Mittelschule des Städtchens, und Mr. Hsieh war einer der anderen Englischlehrer. Er war ein ausgezeichneter Lehrer, aber jeder wusste, dass er ein Sklave des Opiumrauchens war. Ich kannte ihn nicht sehr gut und wusste auch nicht, wo er wohnte; doch erkundigte ich mich und suchte ihn dann auf. Während ich wartete, dass er öffnen würde, bemerkte ich, wie armselig sein Haus aussah. Nachdem ich eingetreten war, begann ich, mich mit ihm über allgemeine Dinge zu unterhalten, und überlegte, wie ich ihm die mir aufgetragene Botschaft beibringen sollte. Es ist immerhin sehr unhöflich, zu einem Lehrer ins Haus zu gehen und ihn zum Bußetun aufzufordern. So sprach ich mit ihm über meine eigenen Fehler und darüber, dass ich sie dem Herrn bekannte. Dabei – so meine Worte – habe er mir ganz deutlich gesagt, dass ich Mr. Hsieh aufsuchen und ihm sagen sollte, er solle Buße tun.

Als ich das Wort »Buße« erwähnte, brach er sofort in Tränen aus. Ich kam mir ziemlich wie ein Heuchler vor, doch zog ich mein chinesisches Neues Testament heraus und begann, mit ihm über einige Verheißungen des Herrn zu sprechen, die von seiner Kraft sprachen, unsere Schwachheit zu überwinden. Es dauerte nicht lange, und wir beide knieten uns in seiner Küche hin, um den Herrn zu bitten, in sein Leben zu kommen.

Von diesem Tag an bis zum Tag seines Todes, einige Jahre später, hat er kein Opium mehr angerührt. Angesichts dieser völligen Umgestaltung seines Lebens wurden seine Frau und seine Kinder ebenfalls bald Christen, und die Familie lebte auf.

Doug Vavrosky, ein US-Amerikaner, schloss sich der OMF im Jahr 1981 an.

Die Nasenring-Technik

Obwohl Gott viele Mittel gebraucht, um seine Kinder zu führen, wie etwa Visionen, Träume und Stimmen, habe ich den Eindruck, dass die üblichste Methode, die er heute anwendet, die ist, uns Schritt für Schritt in den Gehorsam seinem Wort gegenüber zu führen. Das ist zwar keineswegs ein tiefgründiges Statement, aber der schwierige Teil kommt erst, wenn man es praktizieren will.

Wie konnte Gott einen Mann von den Prärien Norddakotas dazu bringen, zahlreichen bedürftigen Chinesen auf der Insel Taiwan zu dienen? Wie konnte Gott einen in Sinn- und Nutzlosigkeit gefangenen Menschen damit betrauen, den Dienst der Versöhnung zu verkündigen? Wie konnte Gott einen selbstgerechten und durch die katholische Kirche verblendeten Menschen nehmen und in ihm ein weithin sichtbares, hell loderndes Feuer entfachen, damit er fortan dem wahren Jesus aus ganzem Herzen diente? Das ist nichts Geringeres als ein Wunder, und nur durch Gottes erstaunliche Gnade konnte all das Wirklichkeit werden, obwohl es der Welt bloß als Torheit erscheint.

Am 1. Januar 1977 nahm ich Jesus Christus als Erretter an. Das geschah in einer kleinen Baptistengemeinde in meiner Heimatstadt in Norddakota.

Weil ich mich zuvor in dieser Stadt in ziemlich über Gesellschaft befunden hatte, sah ich nach meiner Bekehrung keinen anderen Weg, mit einem guten christlichen Lebenswandel zu beginnen, als irgendwo anders hinzuziehen. Wenn du jemals die winterliche Starre Norddakotas erlebt hast, fällt es dir nicht schwer einzusehen, dass es das Vernünftigste ist, in den Süden zu ziehen. Darum verbrachte ich meinen ersten Winter als Christ in Oklahoma City. Dort fing Gott an, mir zu zeigen, wie wichtig es ist, auf jede erdenkliche Weise das Evangelium zu verkündigen. Dort legte er den Grundstein für ein missionarisches Herz, das für diese verlorene und sterbende Welt so wichtig ist.

Als der Frühling begann, begriff ich, wie wichtig das Studium des Wortes Gottes ist. Das einzige Problem dabei war, dass meine Familie und meine Freunde in Norddakota – soviel ich wusste – niemals etwas von den Reichtümern in Christus Jesus, unserem Herrn, gehört hatten. Darum reiste ich für den Sommer heim, um ihnen vor dem nächsten großen Schritt in Gottes Führung für mein Leben davon zu erzählen. Dort, in dem kleinen Landstädtchen, begriff ich auch, wie wichtig eine örtliche Gemeinde für das Leben jedes Gläubigen ist. So legte ich damals den Grundstein für eine reich gesegnete Beziehung zu meiner Heimatgemeinde, die mich jetzt auch auf das Missionsfeld geschickt hat. Während der ganzen Zeit hielt Gott den Wunsch, eine Bibelschule zu besuchen, stark in meinem Herzen wach.

Zu Anfang, als ich im September 1977 auf dem Campus des Briercrest Bible College (BBC) ankam, fühlte ich mich ein wenig fehl am Platz. Noch nie in meinem Leben war ich einem so völlig christlichen Umfeld ausgesetzt gewesen. Immerhin hatte ich das Empfinden, dass alles langsam besser zu werden schien. Als ich gerade dort angekommen war, machte mir ein junger Mann mit Namen Stan in Bezug auf meine Entscheidung, am BBC zu studieren, neuen Mut. Auch berichtete er von der großartigen Möglichkeit, sich an den Aktivitäten missionarischer Gebetsgruppen zu beteiligen. Ich weiß nicht, weshalb Stan einen solchen Eindruck auf mich machte oder warum der Herr ihm erlaubte, eine so schwere Last hinsichtlich der Unerreichten in der Welt auf mein Herz zu legen, und das gerade zu dieser Zeit. Wusste Gott nicht, dass ich dabei war, mit allem Eifer die Bibel zu studieren (von der ich bis dahin kaum etwas wusste)? Wusste Gott nicht, dass ich schon genug Mühe damit hatte, mich den anderen Christen anzugleichen – mit ihrer neuen Sprache, die ich nie zuvor gehört hatte, mit Wörtern wie Rechtfertigung, Versöhnung und Heiligung? Doch erkannte ich, dass dies nur ein weiterer Schritt im Programm der göttlichen Leitung für mich war – und ich merkte, dass er längst noch nicht fertig mit mir war.

Missionseinsätze spielten in meinem ersten Semester eine wichtige Rolle, und in den ersten Weihnachtsferien ging ich mit einem Studententeam unter Leitung von Operation Mobilisation nach Mexiko. Da war ich in der Lage, den von Gott großartig gebrauchten George Verwer zu hören. Er belehrte uns zwei Wochen lang von morgens bis abends und bis tief in die Nacht hinein anhand des Wortes Gottes fortwährend über Mission! Infolgedessen wurde mir die Missionsarbeit noch stärker als Last aufs Herz gelegt, sodass mir das Anliegen, den Unerreichten das Evangelium weiterzugeben, immer wichtiger wurde.

Während des ersten Bibelschuljahres führte der Herr mich einen weiteren Schritt voran, um seinen Willen zu erkennen – zur OMF. Während ich im Austausch mit OMF-Missionaren stand und OMF-Bücher las, wurde ich mehr und mehr davon überzeugt, dass Gott mich dahin führte, mit dieser Gesellschaft nach Ostasien zu gehen. Ich betete darüber und bat Gott in jenen frühen Tagen meiner Berufung, mir zu zeigen, ob dies wirklich der Weg sei, auf dem er mich in seine Nachfolge führen wollte. In jenen Tagen war mein bevorzugter Gebetsort eine alte, wenig genutzte Straße, die meilenweit bis in die kanadische Prärie hinabführte. Weil ich selbst ein Kind der Prärie bin, gibt es für mich keinen Ort, an dem man die Nähe Gottes so eindrücklich empfinden kann wie in der Schönheit der Prärie. Wenn ich dort morgens früh betete, gab mir Gott die Zusicherung, dass er mich auf folgenden beiden Gebieten führen würde: Ich sollte nach Ostasien gehen, und ich sollte mit der OMF dorthin gehen. Etwas anderes, was Gott mir sehr deutlich zu machen schien, war dies: »Doug, vertrödle keine Zeit, sondern geh los!« Ich weiß nicht, warum mir Gott das so deutlich machte; aber er tat es.

Nachdem ich meinen Abschluss in Briercrest gemacht hatte, ging ich sofort zur Kandidatenschule der OMF, wo ich unter der Bedingung angenommen wurde, ein Jahr Gemeindearbeit zu leisten und mein Englisch zu verbessern. Ich erfüllte diese Forderungen und trat im Frühjahr 1981 wieder vor den Missionsrat der OMF, um zu sehen, ob meine Aussendung durch die OMF wirklich Gottes Leitung entsprach. Der Missionsrat nahm mich an, und mir wurde erlaubt, im Februar 1982 nach Singapur auszureisen. Doch dann war es möglich, schon im Oktober 1981 auszureisen, indem ich an einem Orientierungskurs in Singapur teilnehmen konnte.

Bei der OMF angenommen worden zu sein, war der letzte bestätigende Schritt in Gottes Führung, um mich auf das Missionsfeld hier in Ostasien zu bringen, der damit abgeschlossen war, dass ich im Hauptquartier in Singapur ankam. Aber es gab noch eine kleine Sache, über die Gott mit mir damals, in meinem ersten Jahr am Bible College, gesprochen hatte: Wem sollte ich dienen?

Es ist ein wahrhaft erstaunlicher Gedanke, wie Gott einen Menschen mitten aus seinen Sünden und seiner Verlorenheit herausnehmen und ihn zu einem ihm völlig unbekannten Volk und in ein unbekanntes Land mit einer ihm unbekannten Sprache führen kann. Genau das traf auf mich zu, was meine Beziehung zu den Chinesen anging. Doch als der Herr die Notwendigkeit mir aufs Herz legte, nach Ostasien zu gehen, hatte er eine Gruppe von Leuten ausgesondert, von denen er wollte, dass ich ihnen dienen sollte, und das war gerade das Volk der Chinesen. Ich habe das von Anfang an so gesehen, aber die OMF sah das ursprünglich nicht mit zwingender Notwendigkeit so. Als ich mich bei der OMF angemeldet hatte, waren die Ergebnisse meines Sprachtests ziemlich ernüchternd, um nicht mehr zu sagen. Das schloss das Erlernen der komplizierten chinesischen Sprache im Grunde aus. Mein ländlicher Hintergrund machte es zudem unwahrscheinlich, dass ich in eine moderne urbane Umgebung passen würde, wie sie in den Großstädten Taiwans oder in Hongkong zu finden ist. Aber Gott hatte mich gerufen, den Chinesen zu dienen – dessen war ich mir sicher –, und so fuhr ich fort, zu beten und abzuwarten.

Als ich nach Singapur ausreiste, war mein Name bei denen eingetragen, die für die Philippinen oder für Taiwan vorgesehen waren – mit starker Tendenz für die Philippinen. Ungefähr nach der Hälfte meines Aufenthalts in Singapur sahen die Direktoren es aber als Gottes Führung an, mich für Taiwan einzuteilen!

Immer, wenn ich bis dahin irgendwelche Zweifel an der Führung durch Gott hatte, gab er mir eine weitere überzeugende Zusicherung, dass ich ganz deutlich auf dem richtigen Weg war. Während meines Aufenthalts in Singapur traf ich nämlich eine junge Südafrikanerin namens Avril. Sie befand sich ebenfalls mit der OMF auf dem Weg nach Taiwan, »zufällig« zu der Zeit, als auch ich dort war. Ich meinte, das sei zu wunderbar, um es in Worten auszudrücken. Und doch war es einfach »zufällig« in Gottes Plan, dass wir heiraten und zusammen Gott in Taiwan dienen sollten. Was wäre aber geschehen, wenn ich zu diesem Zeitpunkt nicht – wie tatsächlich geschehen – nach Singapur gekommen wäre, oder wenn sie nicht zur gleichen Zeit dorthin gekommen wäre? Dann wären die Dinge völlig anders gelaufen, als dies der Fall war! Ich glaube ganz fest, dass Gottes Timing ein wesentlicher Teil im Blick darauf ist, wie er führt. Wenn Gott dich beauftragt, etwas zu tun, meine ich, dass wir der Bibel als unserer Handlungsanleitung folgen und es sofort tun und nicht zögern sollten. Wer weiß, wie viele Möglichkeiten, dem Herrn zu dienen und eine gute Tat zu vollbringen, versäumt werden, nur weil wir so sündhaft zögerlich sind?

Gott sieht wahrhaftig nicht die Person an. Das ist unmöglich, wenn er mich brauchen will, sein Werk auszuführen! Für mich ist seine Führung eine Schritt-für-Schritt-Reise des Glaubens gewesen, indem ich darauf gewartet habe, dass Gottes Hand mich durch dunkle Orte führt. Oft haben diese dunklen Orte mit Menschen, Geldsorgen, Umständen, persönlichen

Schwierigkeiten und in meinem Fall mit Missionsgesellschaften zu tun. Und so nenne ich Gottes Führungsmethode für mich die »Nasenring-Technik«. In der heutigen Zeit können wir uns kaum noch vorstellen, wie unsere Väter und Großväter die Bullen auf die Weide brachten. Ich habe das Glück, dieses Schauspiel in Taiwan oft erleben zu können. Ein Bauer nimmt einen entsprechend großen bronzenen Ring und zieht ihn dem Bullen durch die Nase. Daran kann er dann einen Strick befestigen. An diesem Strick kann der Bulle geführt werden – sei es bei Tag oder bei Nacht –, wohin immer der Bauer mit ihm gehen will. Es besteht eine bemerkenswerte Ähnlichkeit zwischen dem Bullen und meinem Leben als Christ. Ohne dass ich wirklich weiß, warum oder wie oder wohin, zieht Gott mich durch die nötigen Erfahrungen dahin, wo ich ihm hier oder da dienen soll; aber wie unendlich groß ist der Segen, den er mich dabei erfahren lässt!

Hudson Taylor

Der gute, wohlgefällige und vollkommene Wille Gottes

»Seid nicht gleichförmig dieser Welt, sondern werdet verwandelt durch die Erneuerung eures Sinnes, dass ihr prüfen mögt, was der gute und wohlgefällige und vollkommene Wille Gottes ist« (Römer 12,2).

Allein die Tatsache, dass Gott Gott ist, sollte ausreichen, uns zu überzeugen, dass sein Wille notwendigerweise gut und vollkommen ist, um ihn für uns wohlgefällig zu machen. Wenn unendliche Liebe, die im Besitz grenzenloser Hilfsmittel und unermesslich großer Weisheit ist, irgendetwas will, wie könnte dieser Wille anders als gut und vollkommen sein? Und wenn er uns nicht wohlgefällig erscheint, beweist das nicht, dass wir falsch denken und töricht sind? Unsere Stellung als wahre und von Liebe geprägte Kinder, die zu einem unendlich hohen Preis und durch die Gnade Gottes erlöst wurden, sollte uns doch ganz gewiss dazu drängen, Gott unsere Leiber als lebendige Schlachtopfer darzustellen und praktisch alles für seinen Dienst auf den Altar zu legen, wobei wir einzig seinen Willen zu erkennen und zu tun suchen.

Die vor uns liegende Bibelstelle zeigt uns sehr deutlich, dass es einen Willen der Welt gibt, der dem Willen Gottes entgegensteht. Jeder von uns hat mit aller Aufmerksamkeit darauf zu achten, Gleichförmigkeit mit dem Willen der Welt zu meiden und die geistliche Veränderung zu suchen, die uns mit dem Willen Gottes in Übereinstimmung bringt. Theoretisch werden alle Christen dem zustimmen, aber praktisch wird das oftmals übersehen oder nur mangelhaft berücksichtigt.

Es ist hässlich anzusehen, wenn Kinder gierig darauf bedacht sind, so viel wie möglich von ihren Eltern zu bekommen, sich aber nur wenig Mühe geben, jene liebende Wertschätzung und Sympathie zu zeigen, wonach sich doch ein wahres Elternherz sehnen muss. Aber geben wir uns als Kinder Gottes in ausreichendem Maß Mühe, dieses Übel zu vermeiden? Kann sich nicht in unsere heiligsten Dinge unbemerkt Selbstsucht einschleichen, sodass wir selbst die Vertiefung unseres geistlichen Lebens nur darum suchen, weil wir unsere geistlichen Freuden vergrößern wollen, anstatt wohlgefälliger für Gott und brauchbarer für unsere Mitmenschen zu werden?

Wenn ein Leben nach Gottes Maßstäben bedeutet, ihm ähnlich zu werden, wenn wahres Christsein bedeutet, Christus ähnlich zu werden, wenn heilig sein bedeutet, mit dem Heiligen Geist der Verheißung übereinzustimmen, dann sollten wir wirklich nicht nach dem höchsten Platz streben, sondern bereit sein, den niedrigsten Platz einzunehmen, wenn wir dadurch den Verlorenen und zugrunde Gerichteten Rettung bringen können, wo immer das auch sein mag.

Grundsatz 3:
Lass dir von Gott deine Vorurteile beseitigen!

Byun Jae Chang und seine Frau Ae Ran begannen im Jahr 1981 ihren Dienst für die OMF.

Ein koreanischer Jona

Ich übergab mich dem Herrn, als ich noch jung war, wusste aber nicht, ob er mich brauchen wollte oder nicht. So begann ich zu beten. Sechs Monate lang betete ich jeden Abend zwei Stunden lang. Aber daraufhin wusste ich es immer noch nicht. Schließlich stieg ich ins Gebirge hinauf, um den Herrn zu suchen. Es war Winter und bitterkalt; aber ich rief zum Herrn: »Was ist dein Plan? Mache ihn mir bitte auf eine konkrete Weise deutlich!«

Ich hatte beschlossen, zur Welt zurückzukehren, wenn Gott nicht zu mir sprechen würde, weil ich kein großes Verlangen danach hatte, wie ein Pastor in Armut zu leben, und in meinem Herzen heimlich weltliche Ziele hegte.

Aber der Herr, der gesagt hat: »Rufe zu mir, und ich will dir antworten und will dir große und unerreichbare Dinge kundtun, die du nicht weißt« (Jeremia 33,3), redete mit mir durch seinen Heiligen Geist. Er sagte mir: »Mach dich auf, geh nach Ninive, der großen Stadt, und rufe ihr die Botschaft aus, die ich dir sagen werde« (Jona 3,2), und: »Sondert mir nun Barnabas und Saulus zu dem Werk aus, zu dem ich sie berufen habe« (Apostelgeschichte 13,2).

Daraufhin nahm ich mir vor, Pastor zu werden. Aber zwei Wochen später hörte ich einen Missionar, Michael Griffiths, über Apostelgeschichte 13 (meinen Text!) predigen. Da verstand ich, dass Gott mich zum Missionar berufen hatte – außerdem schien es, als hätte er mich für Japan ausersehen. »Nein, Herr, nicht Japan. Du weißt, wie wenig mir die Japaner gefallen!« Somit begann von da an der Konflikt. Ich wollte kein Missionar werden – und nicht wie ein Dummkopf aussehen und mich nicht wie ein Baby in einer anderen Sprache anhören. Ich wollte ein großer Erweckungsprediger werden, bewundert und respektiert wie Billy Graham! Das Ergebnis war, dass ich vor dieser »Berufung« floh und das Angesicht des Herrn mied – 13 Jahre lang!

Ich bat ihn um einen Kompromiss: »O mein Gott, anstatt selbst zu gehen, werde ich eine Gemeinde gründen, die viele Missionare aussendet. Ich werde dann ihr geehrter Führer sein.« Und dann ging ich in einen Industriebezirk und gründete eine Gemeinde, die sogar die größte in der ganzen Gegend wurde.

Aber dann kam die Zeit, in der die Hand des Herrn Tag und Nacht schwer auf mir lag, bis meine Kraft verdorrte wie in der Sommerhitze. Schließlich trieb Gott mich wieder ins Gebirge. Drei Wochen lang fastete und betete ich, und ich wusste, dass ich Buße tun musste. Der Herr machte mir manches deutlich und sprach zu meinem Herzen. Schließlich gab ich nach: »Ja, Herr, hier bin ich, dein Knecht. Nimm mein Silber und mein Gold und den Applaus der Menschen. Ich werde gehen, wohin immer du willst.«

Einige Zeit später wurden meine Frau und ich durch zwei Bücher sehr bewegt (*Das geistliche Geheimnis Hudson Taylors* und ein Lebensbild von Georg Müller). Wenn wir wirkliche Missionare sein wollten, müssten wir ganz sicher geistlich so qualifiziert sein wie diese großen Männer.

So machten wir uns daran, uns selbst im Glaubensleben zu üben. Wir zogen den Diakon, der die Finanzen unserer Gemeinde verwaltete, ins Vertrauen und baten ihn, niemandem etwas weiterzusagen. Er überwies unser Gehalt auf das Konto, das für den Baufonds der Gemeinde eingerichtet war, und wir erwarteten direkt vom Herrn, dass er unsere Bedürfnisse erfüllen möge. Er hatte uns seine Zusagen gegeben: »Tu deinen Mund weit auf, und ich will ihn füllen« (Psalm 81,11), und: »Aus dem Bach wirst du trinken, und ich habe den Raben geboten, dich dort zu versorgen« (1. Könige 17,4).

Halleluja! Wir machten unsere Münder weit auf, und er füllte sie mit allem, was wir brauchten – sogar mit mehr, als wir vorher hatten.

Eines Tages erhielten wir einen unerwarteten Besuch von Dr. Pattisson, dem OMF-Leiter in Korea. Ich hatte von ihm gehört, ihn aber noch nie gesehen. Trotzdem, obwohl es unsere erste Begegnung war, konnten wir miteinander sehr frei reden und uns gegenseitig Zeugnis geben. Von dem Tag an wurde er mein Lehrer, Freund, Berater und schließlich derjenige, der mich zur OMF führte. Als er feststellte, dass ich schon vor 13 Jahren aufgrund der Predigt von Mr. Griffiths die Berufung zum Missionar erhalten hatte, sagte er: »Die Führungen des Herrn sind unergründlich. Seit dem damaligen Besuch von Mr. Griffiths betete die OMF um einen koreanischen Missionskandidaten. Ebenso haben wir 13 Jahre für einen OMF-Heimatrat in Korea gebetet. Jetzt werden Mr. Doh, der als Vorsitzender des koreanischen Heimatrates arbeiten wird, und du in eine Dienstgemeinschaft gestellt sein. Ihr seid die Erstlingsfrucht.«

Als ich über all das Handeln des Herrn mit mir nachdachte, konnte ich nicht mehr an seiner unergründlichen und wundersamen Führung zweifeln. Mit großer Zuversicht war ich in der Lage zu singen: »Ich weiß, der Herr hat einen Weg für mich.«

Im Mai 1980 kam Mr. Griffiths nach Korea zurück, um den ersten koreanischen Missionskandidaten von OMF zu interviewen und den ersten OMF-Heimatrat von Korea in den Dienst einzuführen. Ich war die Frucht seiner Aussaat vor 13 Jahren, und genauso wie der ungehorsame Jona war ich jetzt endlich in die Spur des vollkommenen Willens des Herrn zurückgekehrt.

Nachdem ich Buße getan hatte, machte mich der Herr tatsächlich in einem gewissen Sinne zu einem Prediger. Ich ging auf Predigtreise, die mich in mehrere große Städte führte, und wurde gebeten, Radiosendungen zu machen. Überall forderte ich die Koreaner auf, Gottes Ruf zu folgen und mit dem Evangelium in alle Welt zu gehen. Auf einer Studentenkonferenz mit 2500 Teilnehmern bezeugte ich den Ruf des Herrn an mich – den, der vor ihm auf der Flucht gewesen war.

Mein Lied war »Amazing Grace«, dessen erste Strophe auf Deutsch vielleicht so lauten könnte:

O große Gnade, die mich rief
und mich Verlornen fand,
als blind ich ins Verderben lief,
ergriff mich Deine Hand!

Während dieser Tage, die so gewaltig zu mir sprachen, erfuhr ich ein wenig von der ungeheuren Bedeutung jenes geistlichen Grundsatzes: »Wenn das Weizenkorn nicht in die Erde fällt und stirbt, bleibt es allein; wenn es aber stirbt, bringt es viel Frucht« (Johannes 12,24).

Die nächste Frage, die gestellt werden musste, sprach Dr. Pattisson aus: »Wohin gedenkst du nun zu gehen?« Ich antwortete: »Ich werde überall hingehen, wo Gott mich haben will, außer nach Japan und Thailand. Du weißt, wie wir Koreaner über die Japaner denken. Und ich habe das Gefühl, vom Temperament her nicht zu den Thais zu passen.« Dr. Pattisson beantwortete meine schnellen Worte: »Vielleicht wirst du nach Japan gehen sollen, Jae Chang!«

Und doch schien es für einen Koreaner völlig unmöglich, als Missionar nach Japan zu gehen. Es hatte schon früher ein anderer koreanischer Missionar versucht, nach Japan ausreisen zu können, doch es wurde ihm nicht gestattet: Nachdem sich die japanische OMF-Feldleitung um Visa für koreanische Missionare bemüht hatte, wurde der entsprechende Antrag von den zuständigen Behörden abgelehnt. So legten wir alle Gedanken an Japan beiseite und konzentrierten uns auf die Vorbereitung für Thailand. Alle äußeren Anzeichen deuteten darauf hin, dass wir dorthin gehen sollten.

Trotzdem fehlten uns der innere Frieden und die Überzeugung, dass Gott uns nach Thailand rief. In Singapur teilten wir den Direktoren unsere Gefühle offen mit, die unsere Aussendung für eine Weile aufzuschieben gedachten. Ich bat ernstlich um Leitung, aber der Herr schwieg. Eines Tages traf ich Wang Ting, eine Missionarin aus Taiwan, die dem Herrn in Japan diente. Während wir sprachen, stellte ich fest, dass ihr Land auch unter den Japanern gelitten hatte, doch sie hatte dem Ruf Gottes gehorcht, ihm dort zu dienen. Natürlich fiel mir sofort mein anfänglicher Ruf nach Japan ein. Sollte ich nach alldem meinen Blick vielleicht trotzdem auf Japan richten?

›O Herr‹, dachte ich, ›hast du geschwiegen, weil es bereits 14 Jahre her ist, dass du mir deinen Willen kundgetan hast? Sollte Japan mein Ninive sein? Ist die Regelung, die uns von Japan fernhält, wirklich unveränderbar?‹

Unser Herr ist souverän. Er sagt:»Klopft an, und es wird euch aufgetan werden« (Matthäus 7,7). So teilte ich meine Überzeugung Mr. Lane mit. Und die Direktoren, unsere geistlichen Führer, begannen, an die Tore Japans zu klopfen!

Der Herr gab uns wirklich vollkommenen Frieden, obwohl es auch ein wenig Widerstand gegen unsere Ausreise nach Japan gab. Eines Tages dachte ich über Worte aus Daniel 10,12-14 nach. Dabei empfand ich, dass der Herr uns diese Verse gegeben hatte:»Fürchte dich nicht, Daniel! Denn vom ersten Tag an, als du dein Herz darauf gerichtet hast, Verständnis zu erlangen und dich vor deinem Gott zu demütigen, sind deine Worte erhört worden; und um deiner Worte willen bin ich gekommen. Aber der Fürst des Königreichs Persien stand mir 21 Tage entgegen; und siehe, Michael, einer der ersten Fürsten, kam, um mir zu helfen, und ich trug dort den Sieg davon bei den Königen von Persien. Und ich bin gekommen, um dich verstehen zu lassen, was deinem Volk am Ende der Tage widerfahren wird; denn das Gesicht geht noch auf ferne Tage.«

Ich begriff, dass wir an diesem geistlichen Krieg teilhaben sollten, indem wir fasteten, wie Daniel es tat. So begannen wir, zu fasten und zusammen zu beten. Wir beteten: »Herr, bitte greif ein wie damals, als du deinen Fürsten Michael gesandt hast, um deinem Engel zu helfen, der vom Satan auf dem Weg zu deinem Volk behindert wurde. Wir bitten dich um die Erhörung unserer Gebete wegen der Visa.«

Ungefähr 25 Tage, nachdem wir die Visa beantragt hatten, und drei Tage nach dem Beginn unseres Fastens hörten wir, dass unsere Visa genehmigt waren. Halleluja!

Willie Black und seine Frau Katie verließen mit ihren drei Kindern Schottland im Jahr 1982, um in Korea zu arbeiten.

Von Kinlochbervie nach Korea

»Kinlochbervie? Wo liegt das?«, höre ich euch fragen. Wir stellten genau dieselbe Frage, als wir diesen Namen das erste Mal hörten. Im Jahr 1972 näherten sich zwei glückliche Jahre ihrem Ende, in denen ich als Vikar in der Bathgate High Church in Schottland gearbeitet hatte. So wurde es Zeit, mich nach einer Gemeinde umzusehen, in der ich selbstständig Pastor sein konnte. Es war eine aufregende Zeit, die auch unseren Glauben herausforderte, während wir darauf warteten, dass Gott uns seinen Willen deutlich machen möge. Aber wie sollte er zu uns reden? Wie könnte er uns führen? Tief in meinem Herzen wusste ich, dass es Vorurteile gab, mit denen ich behaftet war. So gab es Orte, wohin ich absolut nicht gehen wollte, etwa ländliche Gemeinden oder solche in den Highlands. Aber was mir nicht behagte, sagte nicht notwendigerweise etwas darüber aus, was Gott wollte. Wie konnte ich den Willen Gottes erkennen? Meine Frau Katie und ich fingen an, einen »Vertrag« mit Gott zu machen. Wir wollten unter Gebet jede Gemeinde in Betracht ziehen, die ihr Interesse bekundete, dass ich dort Pastor würde – egal wo. Dann wollten wir positiv darauf reagieren und es Gott überlassen, die Tür zu verschließen, von der er nicht wollte, dass wir dorthin gingen.

Und so kam der Tag, an dem wir gefragt wurden, ob wir die Gemeinden von Kinlochbervie und Durness, deren Pastorenstelle unbesetzt war, in Betracht ziehen könnten. »Wo liegen die denn?«, fragten wir und starben beinahe vor Schreck, als wir endlich herausgefunden hatten, dass sie sich ganz weit im Nordwesten Schottlands versteckt hielten – südwestlich bzw. südöstlich von Cape Wrath. »Aber Herr«, flüsterte ich in meinem Herzen, »du weißt doch, dass ich keine ländliche Stelle annehmen mag, und auch keine in den Highlands.« Doch wir hatten den »Vertrag« mit Gott gemacht, und so schickten wir einen Brief, in dem wir schrieben, dass wir eine Berufung in diese Gemeinden in Betracht zögen.

Das Reglement der Kirche von Schottland schreibt vor, dass zunächst ein kleines Komitee aus der nach einem Pastor suchenden Gemeinde kommt, um den Kandidaten predigen zu hören und mit ihm zu reden. Und so kamen zur vereinbarten Zeit die Komiteemitglieder von Kinlochbervie und Durness in die Fearn Abbey von Tain (Ross-shire), um mich predigen zu hören. Nach dem Gottesdienst stand ich mit dieser kleinen Gruppe im Chor der Kirche, und noch bevor ein Wort zwischen uns gefallen war, begann Gott, selbst zu sprechen. Ich kann es nicht erklären, aber der Geist Gottes gab eine sofortige und spürbare Einheit unter uns. Fragen waren nahezu unnötig, obwohl aus formalen Gründen drei Fragen gestellt wurden, bevor alle ihres Weges gingen. Ich war erschüttert: Hatte Gott wirklich zu sprechen begonnen? Aber Gefühle reichten nicht aus.

Ganz spät am nächsten Abend sprach ich mit meiner Frau darüber, und während wir redeten, klingelte das Telefon – das war die Einladung der Gemeinden von Kinlochbervie und Durness: Wir sollten kommen, und ich sollte ihr Pastor werden. Wie sollten wir uns entscheiden? Auch andere Gemeinden hatten Interesse an uns – sehr viel wünschenswertere Gemeinden. »Herr, du weißt, dass ich nicht in eine ländliche Gemeinde oder eine in den Highlands gehen möchte. Das ist mir alles zu klein und zu abgelegen.«

Am Dienstagmorgen ging meine Frau zur Arbeit, und ich setzte mich, um Stille Zeit vor dem Herrn zu halten. Mit ziemlicher Furcht öffnete ich die Bibel an der für den Tag vorgesehenen Stelle. Es war ein Text aus dem Propheten Nahum. Würde Gott in meine Situation sprechen? Allerdings, er tat es – und zwar mit erstaunlich eindeutiger Klarheit. »Dein Volk ist auf den Bergen zerstreut« (Nahum 3,18b), war da zu lesen, und weiter hieß es, dass die Zerstreuten keinen Hirten hatten. »Herr«, sagte ich, »das liegt ja am Ende der Welt – du willst doch ganz gewiss nicht, dass wir so weit wegziehen sollen?« Der Kampf war in vollem Gange; aber Gott hatte das letzte Wort, und zwar mit den Worten aus unseren eigenen Mündern.

Am nächsten Abend ging Katie in die Gemeinde zu einem Frauentreffen. Weil sie reichlich früh da war, nahm sie eine kirchliche Zeitschrift zur Hand und las darin. Da fand sie einen Artikel über die Gemeinden von Kinlochbervie und Durness, den ein früherer Pastor verfasst hatte. Die letzten Worte, die hervorgehoben waren, fesselten ihre Aufmerksamkeit: »*Am Ende der Welt? – Nein, im Zentrum der Liebe und Fürsorge Gottes.*« Der Kampf war vorüber. Gott hatte gesprochen. Drei Wochen später besuchten wir die Gemeinden und erkannten die Wahrheit der Worte Gottes. Die Leute waren tatsächlich über die Berge verstreut, doch im Gegensatz zu ihren tausend Schafen hatten sie keinen Hirten. Und als wir die raue, kahle Schönheit der Gegend sahen, konnten wir anfangen zu glauben, dass wir im Zentrum der Liebe und Fürsorge Gottes waren.

Einige Monate später zogen wir in unser Heim ein – mit der festen Gewissheit, dass Gott am besten wusste, was wir zum Leben brauchten, und ebenso mit der starken Überzeugung in unseren Herzen, diesen Ort niemals zu verlassen, es sei denn, dass Gott in genauso deutlicher Weise ein zweites Mal zu uns reden würde.

Acht Jahre folgten, in denen ich die Ausführung des Pastorendienstes lernte und in denen ich auch sah, wie Gott in vielen Leuten etwas bewegte und sie zu ihm führte (obwohl auch viel menschliches Versagen damit verbunden war). In diesen Jahren erlebten wir außerdem, wie Gott in unseren eigenen Herzen etwas auf neue und tiefere Weise bewegte. Und schließlich gelangte ich in dieser Zeit immer mehr zu der Überzeugung, dass systematische Auslegung des Wortes Gottes die richtige Predigtweise ist.

Nun, ich vermutete, dass der Tag für einen erneuten Umzug kommen würde. Dann würde Gott uns an einen anderen Ort bringen. Nach acht Jahren in Kinlochbervie und Durness meinten wir jedoch, sicher zu sein, dass dieser Umzug immer noch innerhalb der Grenzen der Kirche von Schottland stattfinden würde. Wir waren weit genug für Gott gegangen – wenn er uns an einen anderen Ort führte, würde es sicher weiter in den Süden gehen. Wie wenig wussten wir doch!

Eines Abends hatten wir in unserer Gemeinde Besuch von der OMF – es waren Gavin Smith, ein in Thailand arbeitender Missionar, und Dick Dowsett, der für Schottland zuständige Regionalleiter. Zunächst schauten wir uns Gavins Dias von Thailand an, und dann begann Dick, über Jesaja 42 zu predigen. Für einen Prediger ist es gewöhnlich eine große Freude, unter Gottes Wort zu sitzen. Wenn man sein Leben damit zubringt, aus Gottes Wort auszuteilen, ist es auch gut, die Chance zu haben, es selbst aufnehmen zu dürfen. An jenem Abend war es nicht anders. Aber als Gottes Wort gepredigt wurde, enthielt es eine Überzeugungskraft, die gerade deshalb so gewaltsam einschlug, weil sie so unerwartet kam. Und die legte sich auf mich wie eine beinahe körperlich spürbare Last, wobei ein bestimmtes Wort meine Seele zu erdrücken schien. Es war das Wort »Heiden« – die Not der Heiden der Welt wurde dargestellt. Nach der Versammlung, als ich noch immer mit der Wirkung des Wortes Gottes auf mich zu kämpfen hatte, erwähnte Dick beiläufig, dass es an presbyterianischen Pastoren mangelte, die in der koreanischen Kirche mitarbeiten könnten.

Manchmal scheinen die Dinge ganz anders auszusehen, wenn man darüber geschlafen hat! So begann ich, am nächsten Morgen zu fragen, ob Gott wirklich gesprochen hatte. Darum beschloss ich, das auszuprobieren. »Herr«, sagte ich, »wenn du gestern Abend wirklich zu mir gesprochen hast, dann lass heute jemanden mit mir über Korea reden.« Ich meinte, bei dieser Bitte auf Nummer sicher gegangen zu sein. Wir wollten nämlich an diesem Tag in Urlaub fahren, und ich wusste, dass wir beinahe den ganzen Tag in unserem Auto verbringen würden. Doch am Abend geschah das Unmögliche. Ich half einem befreundeten Pastor beim Abwasch nach dem Essen und erzählte ihm von der Überzeugung am Abend zuvor. Da sprach er das eine Wort, das ich nicht hören wollte. »Handelt es sich um Korea?«, sagte er. Ich war am Boden zerstört – der Kampf hatte begonnen.

»Aber Herr«, sagte ich, »ich bin 35 – ich bin zu alt, ich habe drei Kinder – das ist zu viel! – Ich werde 40 sein, bevor ich die Sprache beherrsche.«

Nun war bald Katie an der Reihe. Am ersten Sonntag, als wir wieder in Kinlochbervie waren, begann der Herr, mitten in die Unruhe ihres Herzens hinein in dieser Angelegenheit an ihr zu arbeiten. Der Text für jenen Tag war 1. Mose 46, wo es in den

Versen 3 und 4 heißt: »Fürchte dich nicht, nach Ägypten hinab-zuziehen ... Ich will mit dir nach Ägypten hinabziehen.«

Da fand ich es an der Zeit, die Sache ernsthaft in Augen-schein zu nehmen. Welche Auswirkungen hätte dies? Wie arbei-tet die OMF? Welche Schulung wäre notwendig? Was ist mit der Ausbildung der Kinder? Auf dem Weg zu einer Konferenz rief ich im schottischen OMF-Büro an und hoffte verzweifelt, dass es einen Ausweg gäbe. Doch als Dick und ich miteinander spra-chen und beteten, empfanden wir ganz tief den Frieden Gottes.

Auf der Konferenz bat ich Gott, er möge deutlich reden. Zunächst gab er mir Hebräer 11,8-9: »Durch Glauben war Abra-ham, als er gerufen wurde, gehorsam, auszuziehen an den Ort, den er zum Erbteil empfangen sollte; und er zog aus, ohne zu wissen, wohin er komme. Durch Glauben hielt er sich in dem Land der Verheißung auf wie in einem fremden und wohnte in Zelten mit Isaak und Jakob, den Miterben derselben Ver-heißung.« Aber dann, am Samstagmorgen, wachte ich mit dem erregenden Gefühl auf, dass Gott heute zu mir reden würde. Als es zur Abendveranstaltung ging, war ich bereit. Der Prediger begann, über die Notwendigkeit zu sprechen, dass die Chris-ten die Sünden, die Gott bereits vergeben hat, ein für alle Mal hinter sich lassen. Das war ganz gut; aber es schien mir keine passende Antwort auf meine Frage zu sein. Sollte Gott seine Chance verpassen? Dieser unehrerbietige Satz war kaum in mein Bewusstsein gedrungen, als der Prediger zwei Dinge zu sagen hatte: »Heute Abend sind hier welche, die eine Arbeit verlassen müssen, die sie wirklich gern tun, um ein völlig anderes Werk zu übernehmen – das ist Gottes Wille, und ihr müsst es tun.« Dann sagte er: »Es gibt heute Abend hier welche, die müssen Tausende von Kilometern reisen, um dort zu sein, wo sie nach Gottes Willen sein sollen – das ist von Gott, und ihr müsst das tun.« Das war es – Gott hatte gesprochen.

Katie fand in ihrem Ringen zwei Tage später Frieden, als sie an diesem Morgen folgende Worte in einem Andachtsbuch las,

das unberührt neben ihrem Bett lag: »Frohe Überraschungen –
unser Herr wird wissen, dass alles in Ordnung ist. Wir vertrauen
dir, Herr, in allem. Wir lieben dich immer mehr. Wir beugen
uns deinem Willen. Wir beugen uns nicht wie jemand, der
resigniert, weil er entweder einen schrecklichen Schlag erdulden
oder eine unabwendbare Entscheidung akzeptieren muss. Wir
beugen uns, wie Kinder sich beugen, weil sie eine frohe Überraschung erwarten, die ihnen von jemandem bereitet ist, der sie
liebt.« Wieder einmal hatte Gott gesprochen.

Gott spricht wirklich deutlich zu seinen Kindern. Aber natür-
lich, selbst wenn er gesprochen hat und wir in seinen Plan ein-
willigen, sind damit nicht alle Kämpfe automatisch beendet.
Sogar nachdem wir uns für Korea entschieden hatten, gab es
Kämpfe in unseren Herzen wegen der Kinder. Wenn wir nach
Korea gingen, müssten die Kinder in Japan zur Schule gehen.
Wusste Gott wirklich, was für unsere Familie das Beste war?
Eines Tages drangen seine Worte ganz deutlich in unsere Herzen: »Wenn es mein Bestes für euch ist, dass ihr nach Korea
geht, meint ihr dann nicht, dass es mein Bestes für die Kinder
ist, nach Japan zu gehen?« Da sollten noch ganz andere Kämpfe
einsetzen; aber es ist auch immer ein Gott da, der zu seinen Leuten redet.

Und so kamen wir nach Korea. Die Gemeinde in Schottland
hatte 700 Leute – die Stadt Seoul hat 8 Millionen. Zur Kirche
in Kinlochbervie kamen gewöhnlich sonntags 60 Besucher –
in den Kirchen von Seoul sind es Tausende. Aber so groß die
Unterschiede auch sein mögen, immer noch besteht die Notwendigkeit, Gottes Wort auszubreiten. Uns erscheinen die
Berge, die wir täglich rings um Seoul erblicken, überhaupt nicht
anders als die Berge, die uns in Kinlochbervie erfreuten. Und
ganz sicher ist der Gott von Kinlochbervie derselbe Gott, den
wir in Korea gefunden haben.

Grundsatz 4:
Beachte den Wert von Timing und Umständen!

Alice Compain aus England schloss sich 1959 der OMF an und hat in Laos, Kambodscha und Thailand gearbeitet.

Bestimmung: Kambodscha

Im September 1973 kehrte ich nach 14 Jahren in Laos nach England zurück, nachdem ich dort meine Arbeit erledigt hatte. Wir hatten in der Bibelschule von Savannakhet nun fünf kompetente laotische Lehrer, die ihre weitere Ausbildung in der Schweiz und in Thailand erhalten hatten. Ich meinte, dass ich vielleicht den Gemeindeältesten in den Dörfern helfen sollte, die nie eine Bibelschule besucht hatten und doch für Lehre und Jüngerschaftsschulung verantwortlich waren. Es bestanden auch Möglichkeiten, Kurse für sie zu solchen Zeiten einzurichten, wenn sie nicht auf den Feldern arbeiten mussten.

Dann kam »aus heiterem Himmel« ein Brief vom internationalen Direktor der OMF, Denis Lane, der mich nach Kambodscha einlud! Er bat mich, in der Bibelschule in Phnom Penh auf Französisch zu unterrichten, bis ich das Kambodschanische gelernt hätte.

Zunächst konnte ich nicht einsehen, dass der Herr meinen Ruf nach Laos verändert hätte. Außerdem schien es, dass das Land mit seiner schwachen Armee noch vor Kambodscha in die Hand der Kommunisten fallen würde. Ich suchte den Rat vieler Kollegen und bat meine Freunde, für mich zu beten. Ein so großer Schritt in ein anderes Land, der mit dem Erlernen einer anderen Sprache verbunden war, erschien mir wie ein Berg, den ich nicht versetzen konnte, weil ich nicht genug Glauben besaß.

Ich wollte der Missionsgesellschaft keine Antwort geben, bevor ich sicher war, dass Gott mich dort haben wollte, und sechs Wochen lang schwankte ich hin und her, ohne deutlich zu wissen, was Gottes Wille war.

Dann kam die Bestätigung innerhalb von drei Tagen. Erstens ermutigten mich Freunde aus der Schweiz, die in England zu Besuch waren. Sie sagten, ich solle den Schritt wagen, bevor ich vierzig und damit zu unbeweglich sei. Am nächsten Tag fuhr ich nach Newington Green, dem OMF-Hauptquartier in London, um an einem Gebetstag teilzunehmen. Heimatdirektor Nick Carr betete bei dem Treffen für solche, die man gebeten hatte, nach Phnom Penh zu reisen, weil er offensichtlich meinte, sie hätten positiv reagiert. Zur gleichen Zeit gab mir der Herr bei dem Gedanken, dass dies wirklich sein Wille für mich war, einen Frieden, der »allen Verstand übersteigt« (vgl. Philipper 4,7) – was immer auch dabei herauskäme. Am dritten Tag erhielt ich einen Brief von Isaac Scott, dem Direktor von OMF Thailand, der mich ebenfalls ermutigte, weil er die Arbeit in Kambodscha für strategisch wichtig hielt.

Jetzt, wo ich Gottes Willen erkannt hatte, blieb mir keine andere Wahl, als an Denis Lane zu schreiben, ich würde diesen neuen göttlichen Auftrag annehmen. Wir hatten ein höchst interessantes Jahr in Phnom Penh, bevor wir evakuiert wurden.[5]

---

5 A. d. H.: Weil die Roten Khmer 1975 die Macht in Kambodscha an sich rissen, war dort auf Jahre hin keine Missionsarbeit mehr möglich. Alice Compain kehrte jedoch in den 1990er-Jahren nach Kambodscha zurück, bevor sie im September 2008 in England heimging.

Allan Crane arbeitete nach 20 Jahren in China auch in Thailand, bevor er sich 1972 zur Ruhe setzte.

Gott führt zu einem Pferd

Wir brauchten ein neues Packpferd. Darum besuchte ich eines Morgens den Frühlingsmarkt in Dali (früher Tali) in der südwestchinesischen Provinz Yunnan. Vorher hatte ich aber mit meiner Frau um Leitung gebetet. Viele junge Rinder, Büffel und Pferde standen zum Verkauf. Als ich dort hinkam, wo die Pferde angebunden waren, stellte ich fest, wie wenig ich über den Kauf eines Pferdes wusste. Ich stand dort und beobachtete einige Chinesen, die Pferde begutachteten. Dabei betasteten sie deren Beine und blickten in ihre Mäuler. Mir sank das Herz, und ich schickte ein Stoßgebet um Führung zum Himmel. Ich hätte auch in ein Pferdemaul sehen können; aber zu welchem Zweck? Hier ging es um ziemlich viel Geld, und ich hatte keine Lust, es für einen Gaul auszugeben, der nichts mehr taugte. Was sollte ich machen?

Ich ging zu meiner Frau zurück und sagte ihr: »Ich verstehe nichts vom Pferdekauf. Lass uns noch einmal darum bitten, der Herr möge mich dabei sicher führen.« Ungefähr eine Stunde später hatte ich das Gefühl, dass ich zum Markt zurückkehren und es noch einmal versuchen sollte. Ich ging zwar ängstlich, vertraute aber auf den Herrn.

Als ich wieder dastand und die Pferde beobachtete, wie sie den künftigen Käufern vorgeführt wurden, sah ich den »Hsienchang«, den Bürgermeister von Dali. Ich hatte ihn schon ein- oder zweimal getroffen. Er war immer sehr höflich und hörte anscheinend interessiert zu, wenn ich Neues von unserer Arbeit unter den Lisu berichtete. Jetzt wollte ich ihn aber nicht treffen! Ich ging weg; aber bald war jemand neben mir, der mich einlud, mich denen anzuschließen, die um den Bürgermeister herumstanden.

Sofort fragte dieser mich, was ich auf dem Frühlingsmarkt zu tun hätte. So erzählte ich es ihm: »Mein Herr, ich muss für unsere Reise zurück in den Südwesten ein neues Packpferd kaufen.«

»Dafür«, so sagte er, »brauchst du sicher ein gutes, starkes und gesundes Pferd. Verstehst du etwas von Pferden?«

»Wir halten schon seit einigen Jahren Pferde«, antwortete ich, »aber ich verstehe nichts vom Pferdekauf.«

»Ich selbst muss auch ein gutes Reitpferd kaufen, darum habe ich meinen ›Pferdedoktor‹ mitgebracht; er kann dir helfen, ein gutes Pferd zu finden und die ganze Angelegenheit für dich zu besorgen.«

»Das ist äußerst freundlich, mein Herr!«, sagte ich und erzählte ihm von unseren Gebeten um Leitung und Hilfe.

Der Bürgermeister ging mit uns herum und besah sich die Pferde, bis wir zu einem großen und schönen Rotschimmel kamen. ›Der übersteigt ganz meine finanziellen Möglichkeiten‹, dachte ich. Doch der »Pferdedoktor« begann mit dem Verhandeln, und ich konnte sehen, dass er ein höchst geschickter Feilscher war. Mir tat der Besitzer leid; denn es war ganz sicher zu seinem Schaden, dass der Bürgermeister danebenstand. Der »Pferdedoktor« blickte zu mir herüber und fragte, was ich zu zahlen bereit sei. Dann verhandelte er weiter, und bald darauf gehörte das Pferd mir!

Erika Heldberg geb. Hanser kommt aus Deutschland, schloss sich 1978 der OMF an und hat bereits vier Jahre auf den Philippinen zugebracht.

Tochter Zion, freue dich!

Wie gern wäre ich im Sommer 1970 in ein christliches Jugendlager gefahren! Aber weil ich gerade mit der Ausbildung zur Krankenschwester begonnen hatte, konnte ich meine Ferien nur zu einer Zeit nehmen, in denen keine Jugendlager stattfanden. So entschloss ich mich, an einer Evangelisationsveranstaltung teilzunehmen, für die man noch einige junge Christen brauchte.

Nach dieser sehr interessanten und ermutigenden Woche bekam ich als eine Art Dankeschön für meine Hilfe ein Buch geschenkt. Ein Mitglied unserer Gruppe sagte: »Erika, wenn du dieses Buch liest, wirst du Missionarin am Ende der Welt werden.«

Darum entschloss ich mich, es nicht zu lesen, denn ich wollte keine Missionarin in fernen Ländern werden. Das könnte bedeuten, dass man mich in ganz abgelegene Gegenden schickte – vielleicht in den Dschungel, weit weg von aller Zivilisation. Das könnte sogar bedeuten, lebenslang Single zu bleiben. Nein, solch ein Mensch bin ich nicht!

Jahre gingen vorüber, und ich konnte das Buch nicht vergessen. Manchmal versteckte ich es hinter dem Bücherschrank; aber auch das half nicht viel. Ich verlor sogar meine Freude am Bibellesen und an der Gemeinschaft mit dem Herrn und anderen Christen. Ich fühlte mich immer elender, und so betete ich eines Tages: »Herr, ich will keine Missionarin werden, nur weil dieser Kerl vor Jahren davon gesprochen hat. Warum kannst du mich nicht berufen, wie du die Leute in biblischen Zeiten berufen hast? Kannst du nicht in ähnlicher Weise zu mir reden?«

Dann begann ich, das Buch mit seinem Umschlag in leuchtendem Orange zu lesen und wurde immer erleichterter, weil ich feststellte, dass die erste Hälfte des Buches mich völlig gleichgültig ließ.

Eines Tages kam ich in meiner Bibellese zu Jesaja 6. Ich war beeindruckt, dass Jesaja sofort bereit war zu sagen: »Hier bin ich, sende mich!« Aber schnell argumentierte ich: »Na ja, Jesaja sah Gott in einer Vision und hörte seine Stimme mit seinen eigenen Ohren. In diesem Fall wäre es nicht so schwer, ›Hier bin ich, sende mich!‹ zu sagen. Wenn der Herr mich auf so offensichtliche Weise riefe, würde ich ihm mein Leben ebenfalls geben.«

Noch am gleichen Tag nahm ich das besagte Buch und las ein weiteres Kapitel. Wehe mir! Mr. Smith erwähnte auf einer Seite Jesaja 6 und schrieb zu dieser göttlichen Frage, dass die Worte »Wen soll ich senden?« nicht nur an Jesaja, sondern an jeden Christen gerichtet sind – bis zum heutigen Tag.

Wieder argumentierte ich: »Nein, das kann einfach nicht sein. Wenn das nämlich stimmte, hätten wir überall genügend Missionare!« Ärgerlich legte ich das Buch zur Seite und schaltete das Radio an, um mich zu entspannen und an etwas anderes zu denken. Aber das Gegenteil geschah. Der Evangeliumsrundfunk, der deutschsprachige Zweig von »Trans World Radio«, war noch eingeschaltet, und ich hörte die Stimme eines bekannten deutschen Evangelisten, der Jesaja 6 auslegte! Welch einen Schreck bekam ich, als er sagte: »Wenn es einen jungen Christen gibt, der meint, Gott hätte in diesem Kapitel nur Jesaja berufen, dann muss ich ihm sagen, dass er sich irrt. Jeder Christ schuldet Gott die Antwort: ›Hier bin ich, sende mich!‹«

Gott hatte es gefallen, auf drei unterschiedliche Weisen Jesaja 6 auf mich persönlich anzuwenden. Ich wusste, dass Gott die Antwort »Hier bin ich, sende mich!« von mir erwartete. Aber noch immer hatte ich Zweifel. War ich an diesem Tag zu müde oder emotional zu schwach? War es wirklich Gottes Stimme oder nur die Stimme von Menschen? Wollte Gott mich – eine kleine, schüchterne Schwesternschülerin – als Botschafterin haben? Das konnte einfach nicht wahr sein!

Nachdem ich ihm meine Antwort gegeben hatte, bat ich ihn um ein Zeichen zur Bestätigung, dass er mich wirklich als Missionarin haben wollte. Und er tat es. Wie viel Geduld hatte er doch mit mir!

Nach meiner Ausbildung arbeitete ich ein Jahr lang in einem Operationssaal, wo es viel zu tun gab. Dann schrieb ich mich in der Bibelschule in St. Chrischona ein. Später tat ich manche Dienste in einer christlichen Gemeinde. Ich mochte gern mit Kindern arbeiten, auch mit jungen Leuten und in einem Frauenkreis, und hoffte zwischendurch, der Herr werde mich in Deutschland lassen. Aber er erinnerte mich immer wieder an die vielen Inseln Südostasiens. So wurde ich Kandidatin der OMF und bereitete mich auf die Arbeit in Übersee vor. Ich freundete mich mit vielen Leuten an und lernte auch einige feine junge Männer kennen, die noch Singles waren. Doch sobald sie hörten, dass ich Missionarin werden wollte, zogen sie sich zurück, was mich oft sehr schmerzte. Nach Erfahrungen solcher Art beschloss ich, Single zu bleiben, denn dadurch war ich unabhängiger und konnte dem Herrn mit ganzer Kraft und zu aller Zeit dienen.

Im Rückblick auf meine ersten vier Jahre als Single und Missionarin auf den Philippinen kann ich aufrichtig sagen: Ich war bei meiner Arbeit unter den Volksstämmen dort sehr glücklich und konnte es kaum erwarten, nach meinem ersten Heimaturlaub zu meinen geliebten Alangan zurückzukehren. Darum konnte ich es nicht begreifen, warum einige Monate, bevor ich mit dem Urlaub dran war, eine Reihe von Leuten mich baten, über die Möglichkeit nachzudenken und zu beten, mich der Gemeindegründungsarbeit im Tiefland anzuschließen. »Nein, ich kann gar nicht sehen, dass diese Arbeit etwas für eine alleinstehende Missionarin sein sollte«, sagte ich nachdrücklich, weil ich mich erinnerte, wie frustriert ich war, dauernd das begehrte

Ziel philippinischer Burschen zu sein, die so gern eine weiße Frau haben wollten. Oft kamen die jungen Leute nur in die Bibelstunden, weil sie mich sehen wollten, und nicht, weil sie an Gottes Wort interessiert waren. Es gab aber auch Freunde unter den Filipinos, die mich fragten, warum ich nicht heiratete. Sie rieten mir, nach einem Ehemann Ausschau zu halten, wenn ich nach Hause käme.

Mit diesen Erfahrungen im Kopf und auch angesichts der offenen Türen im Stamm der Alangan mochte ich an einen Urlaub nicht einmal denken. Manchmal betete ich: »Herr, lass mich bitte mindestens bis zum Ende der Trockenzeit so weitermachen!« Diese meine Bitte wurde bei der Leitung meines Missionsfeldes bekannt, und Tränen der Enttäuschung liefen über meine Wangen, als mein Vorgesetzter in der Mission mir mitteilte, die Leitung habe entschieden, ich sollte meine erste Dienstzeit nicht verlängern. Ein anderes Mitglied des Leitungsteams zog mich beiseite, betete mit mir und sagte: »Erika, wer weiß, was der Herr mit dir während des Urlaubs vorhat? Sei nicht mehr traurig und nimm diese Entscheidung als einen Teil seiner Führung für dich an!«

Allmählich fühlte ich, wie der Friede des Herrn mich wieder durchströmte und mein Herz mit Freude erfüllt wurde. Aber als das Flugzeug von Manila abhob, konnte ich nicht verhindern, dass die Tränen wieder flossen, und ich betete: »Herr, ich kann immer noch nicht verstehen, warum ich dieses Land gerade jetzt verlassen muss – jetzt, wo ich die Leute lieb gewonnen und begonnen habe, ihre Sprache zu verstehen. Gerade erst habe ich begonnen, irgendwie nützlich zu werden, und nun schickst du mich heim! Aber auf jeden Fall ist es trotzdem gut zu wissen, dass du mich den richtigen und vollkommenen Weg führst.«

Die vier Wochen Urlaub zu Hause bei meiner Familie halfen mir zu vergessen, dass ich gezögert hatte, den Urlaub anzutreten. Aufs Ganze gesehen, freute ich mich darauf, Missionsvorträge halten zu dürfen. Hatte ich nicht genügend zu berichten? Aber als ich die Liste sah, auf der eingeteilt war, wohin ich fahren sollte, wurde ich doch sehr nervös. Ich sollte einen Bericht an meiner früheren Bibelschule geben. Ich fragte mich und den Herrn: »Warum muss ich ausgerechnet an dem Ort anfangen, wo mich so viele kennen, besonders meine früheren Lehrer? Ich hätte gern irgendwo anders erste Erfahrungen gesammelt.«

Während ich mich für die Rede vorbereitete, riefen zwei andere Missionare beim Direktor an und fragten, ob sie an ebendiesem Dienstag kommen und zu den Studenten sprechen dürften. »Das tut mir leid«, sagte der Direktor, »aber wir haben schon eine Sprecherin.« Hätte ich von diesem Telefongespräch gewusst, hätte ich den Abend gern jenen zwei Missionaren überlassen. Oft ist der Direktor bereit, etwas zu ändern; aber an jenem Tag blieb er fest.

Als ich die vielen Studenten und meine früheren Lehrer sah, zitterten meine Knie noch mehr. Doch als ich auf das Podium stieg, hat mich der Herr nicht verlassen, sondern mir Kraft, Mut und Frieden gegeben. Ich konnte auf sehr natürliche Weise meinen Vortrag halten und die Dias zeigen.

Am nächsten Morgen verließ ich St. Chrischona sehr erleichtert und wusste nicht, was während des Vortrags in einem der Studenten vor sich gegangen war, der in wenigen Monaten ordiniert werden sollte. Hans-Hermann hatte mein Bild einige Monate zuvor auf einem OMF-Flyer gesehen. Und als er mich an jenem Dienstag sah und hörte, wusste er in seinem Herzen, dass ich seine Frau werden würde.

Weil der Herr ihn in den Missionsdienst in Übersee berufen hatte, betete er unaufhörlich um eine Frau, die willig war, mit ihm bis ans Ende der Welt zu gehen. Er hatte den Herrn sogar um ein Mädchen gebeten, das dies schon unter Beweis gestellt hatte. Während der ganzen nächsten Woche dachte er über diese bedeutsame Sache nach und betete dafür – nicht, ohne bei seinem Tutor Rat zu suchen.

Zur gleichen Zeit hatte ich einen sehr eigenartigen und lebendigen Traum. Heute weiß ich, dass der Herr mich durch diesen Traum vorbereiten wollte. Ich befand mich für eine Woche in einem christlichen Erholungsheim, und in meinem Traum sah ich, wie sich ein Auto dem Haus näherte. Ein junger Mann fragte die Rezeptionistin, wo Frau Hansers Zimmer sei. Sie begleitete ihn, klopfte an meine Tür, öffnete sie und sagte: »Erika, da ist ein Besucher für dich.« Zusammen gingen wir ins Besuchszimmer, und dann erwachte ich.

Den ganzen Tag versuchte ich, den Traum zu vergessen, aber es ging nicht. (Er erinnerte mich nämlich an einen anderen Traum, den ich einmal auf den Philippinen hatte, dass ich eines Tages in das OMF-Gästehaus in Calapan[6] mit einem Ehemann eintreten würde.) Dann machte ich einen Spaziergang und betete: »Herr Jesus, ich verstehe diesen meinen Traum nicht. Es gibt keinen einzigen jungen Mann in diesem Erholungsheim, und ich weiß um niemanden, der jemals Interesse an mir hätte.«

Am nächsten Morgen erhielt ich einen Brief von einem gewissen Hans-Hermann Heldberg, abgeschickt aus St. Chrischona. Darin schrieb er, dass er daran interessiert sei, mich baldmöglichst zu besuchen. Ich war absolut verwirrt und wusste nicht, ob ich froh oder traurig sein sollte. Nach einer Zeit des Gebets schaltete ich wieder Händels *Messias* an. Die Stelle, die gerade abgespielt wurde, lautete: »Tochter Zion, freue dich!« Das war für mich eine Antwort des Herrn.

An demselben Abend kam Hans-Hermann auf die gleiche Art wie in dem Traum in der Nacht zuvor.

Nachdem er mir erzählt hatte, was ihm an jenem Dienstag passiert war, erinnerte ich mich nicht nur an meinen Traum auf den Philippinen, sondern auch daran, dass ich damals betete: »Herr, wenn es immer noch dein Plan für mein Leben ist, dass

---

6   A. d. H.: Calapan ist die Hauptstadt der Ostprovinz der Insel Mindoro, auf der diese OMF-Missionarin zuvor gearbeitet hatte.

ich heirate, lass es bitte bei einem meiner Missionsvorträge geschehen.«

Drei Monate später gaben wir unsere Verlobung bekannt, und jetzt sind wir in unseren Flitterwochen in der Schweiz und haben vor, dem Herrn das nächste Jahr in Deutschland zu dienen. Es ist auch sehr wahrscheinlich, dass der Traum wahr wird und wir in das OMF-Gästehaus in Calapan kommen werden! Hans-Hermann ist bereits von der OMF als Kandidat angenommen worden; wenn der Herr fortfährt, ihn auf seinem Weg zu führen, wollen wir auf die Philippinen zurückkehren, höchstwahrscheinlich, um im Tiefland zu arbeiten!

Wie dankbar sind wir den Verantwortlichen in der Feldleitung auf Mindoro dafür, dass sie mich zu diesem perfekten Zeitpunkt dazu gedrängt hatten, in Heimaturlaub zu gehen!

Nachtrag (Februar 2016)
Die Heldbergs wurden tatsächlich Anfang 1985 auf die Philippinen ausgesandt, wo sie bis zu ihrem Wechsel in die OMF-Zentrale in Singapur im Jahr 1998 tätig waren. 2007 übernahmen sie die Regionalleitung Norddeutschland dieses Missionswerks. 2015 gingen sie in den Ruhestand.

Cyril Faulkner ging im Jahr 1935 das erste Mal nach China. Er arbeitete später auch in Singapur und Thailand.

In den »goldenen Jahren«

Als 1970 die Zeit für uns gekommen war, Thailand zu verlassen und uns zur Ruhe zu setzen, war meine beständige Frage: ›Was soll ich mit dem Rest meines Lebens anfangen?‹ Und so betete ich beständig um Gottes Führung.

Wir waren noch keine Woche in den USA, als wir zwei Damen aus Thailand in einem Supermarkt trafen. Als meine Frau Frances sich mit ihnen unterhielt, stellte sie fest, dass die beiden nicht weit von dem Ort entfernt wohnten, wo wir uns bei unserer Tochter aufhielten. So luden wir sie zum Essen ein, nachdem wir die Telefonnummern ausgetauscht hatten.

Kaum waren wir zu Hause, als das Telefon klingelte und eine Männerstimme erklärte, er sei der Ehemann einer der beiden Frauen. Ob er auch zu dem Essen kommen und einen Freund mitbringen dürfe? Als die vier ankamen, brachten sie eine riesige Schüssel mit Curry-Hähnchen nach Thai-Art mit. Es war eine sehr schöne Zeit, die wir miteinander verbrachten. Dabei entdeckten wir auch, dass unser neuer Freund der Vizegouverneur einer der Thai-Provinzen war. Er hielt sich in den USA zu einem einjährigen Studium auf und wollte bald in seine Heimat zurückkehren. Er erzählte Frances: »Während dieses Jahres habe ich viele Amerikaner in Hotels und Restaurants getroffen; aber dies ist das erste Mal, dass ich zu einem Essen in einem amerikanischen Haus eingeladen wurde.« Er lud uns zu seiner Abschiedsparty in seine Wohnung ein. Das war, als wären wir nach Bangkok zurückgekehrt. Frances freundete sich außerdem mit einer Krankenschwester an, und bald sangen sie zusammen in einer Ecke das Lied »Stille Nacht, heilige Nacht«. Dort fragte ich einen weit gereisten jungen Mann, was sein Vater mache. »Mein Vater ist der Hofmarschall des Königs von Thailand«, war seine Antwort.

Schnell erkannten wir, was wir zu tun hatten: Wir sollten uns um internationale Studenten und andere Ausländer kümmern, die zu Tausenden hier in der Metropolregion von Los Angeles wohnten. Somit bot sich uns ein Missionsfeld voll unerschöpflicher Möglichkeiten.

Martin Dainton und seine Frau Margaret kommen aus England und haben seit 1961 in Indonesien gearbeitet.

Schulen und Häuser

Uns wurde geraten, unsere Tochter Vivienne im Alter von 13 Jahren nicht ins OMF-Gästehaus und in die englische Internatsschule zu schicken, wo ihr Bruder gewesen war. In welche Schule aber dann? Wir streckten unsere Fühler bei Freunden aus, weil zu jener Zeit alarmierende Berichte über den Zustand staatlich betriebener Schulen in England verbreitet wurden, sodass wir sie nicht für passend ansahen. Zwei oder drei Vorschläge wurden gemacht, und einer davon kam von einer Freundin Margarets, die stellvertretende Direktorin einer kleinen, unabhängigen Mädchenschule in Droitwich war. Ihr Brief erreichte uns gerade zu einem Zeitpunkt, zu dem irgendeine Entscheidung gefällt werden musste, und nach einem Brief an die Direktorin waren wir damit einverstanden, Vivienne in die Dodderhill School in Droitwich zu schicken – vorausgesetzt, dass wir eine Bleibe in der Nähe finden könnten. Es war eine Tagesschule, und wir hatten überhaupt keine privaten Verbindungen zu jener Gegend.

Die Zeit verging, und wir erkundigten uns bei der OMF, was uns Sympathien, aber keine Wohnung einbrachte, und schließlich nahmen wir uns vor, zusammen mit dem Regionalleiter der OMF, Ron Preece, nach Droitwich zu fahren. Das Schuljahr sollte in der folgenden Woche beginnen. Wenn wir an diesem Tag nichts fanden, wo wir in der Gegend wohnen konnten, wussten wir nicht, was wir machen sollten. Verschiedene Erkundigungen in der Stadt selbst brachten kein Ergebnis, und als Ron und wir in einem Park Bratfisch mit Pommes frites aßen, verloren wir langsam den Mut. Nach dem Essen wollten wir zu Rons Hauptquartier in Bristol zurückfahren. Schon unterwegs kam Margaret und mir beinahe gleichzeitig dieselbe Idee. Ob es sich lohnt, die Dame anzurufen, bei der mein Cousin vor einigen Jahren logiert hatte, als er im nahe gelegenen Worcester zu tun hatte? Immerhin vermietete sie Unterkünfte, und wir hatten sie vor vier oder fünf Jahren für ungefähr eine Stunde besucht! Einerlei, wir hatten nichts zu verlieren, wenn es vergeblich sein sollte.

Wir fanden das Haus, nachdem wir ein wenig in unserem Gedächtnis gekramt hatten, und stellten uns vor. Die Dame erinnerte sich noch sehr gut an meinen Cousin und sogar noch ein wenig an mich. Während sie uns Tee servierte, erzählten wir ihr unsere Geschichte. »Zufällig« kam ihr Sohn an jenem Nachmittag zu Besuch, und als er uns zugehört hatte, fragte er: »Was ist eigentlich mit Rogers Haus?« Dann telefonierte er eifrig herum.

Dabei kam heraus, dass Roger ein Baptistenpastor in London war. Ihm gehörte ein Haus im Norden von Worcester. Genau in dieser Woche zogen seine Mieter – einige gläubige Krankenschwestern – aus, um nach Australien auszuwandern, und er hatte sich schon Gedanken gemacht, wie er passende Nachmieter finden könnte. Unser neuer Freund wusste, wo das Haus war, und nahm uns mit, damit wir es ansehen konnten. Es war groß genug und nicht allzu weit von der Hauptstraße nach Droitwich entfernt. Bis dorthin waren es noch neun Kilometer. Es gab auch einen Bus, mit dem Vivi zur Schule fahren konnte.

Wir warteten, bis wir nach Bristol zurückgekehrt waren, und riefen dann Roger selbst an. Da hörten wir zu unserer Freude, dass wir dort zu einem sehr vernünftigen Mietpreis wohnen konnten, solange wir bleiben mochten!

Das war aber nicht das Ende der Güte des Herrn. Wir zogen in der folgenden Woche um, Margaret und ich mit dem Auto und unserem Gepäck und die Kinder mit dem Zug. Wir ließen das Gepäck im Haus und fuhren zum Bahnhof, um sie abzuholen. Auf dem Rückweg sahen wir einen völlig Fremden, der »unseren« Rasen mähte, während seine Frau nach uns Ausschau hielt. Sie entpuppten sich als Mitglieder der örtlichen Gemeinde, die für die neu ankommenden Missionare ein wenig aufräumten. Rick war Arzt, der seine Praxis in Droitwich hatte. Als er hörte, dass Vivienne dorthin zur Schule gehen sollte, bot er sofort an, sie jeden Tag mit dem Auto mitzunehmen. Das tat er dann auch zwei Jahre lang, bis wir nach Indonesien zurückgingen.

Aber die Geschichte ist auch jetzt noch nicht zu Ende; denn weil wir das Haus in Worcester bewohnten, kamen wir mit vielen Christen dort zusammen, und unser Sohn Bernhard, der jetzt an der Universität ist, betrachtet sich immer noch als Glied der dortigen Gemeinde, in der viele für ihn gesorgt und ihn beraten haben. Und wo wir nun wieder in Asien sind, geht es ihm sehr darum, mit dem Zeugnis dort so viel wie möglich in Verbindung zu bleiben.

Grundsatz 5:
Lerne, auf die Stimme des Heiligen Geistes zu hören!

Alfred Johnston ist Ire und kam nach zwei Jahren in China für 30 Jahre auf die Philippinen. Jetzt arbeitet er in Malaysia.

Gott führt zu Mitarbeitern für den Buchladen

Dem hingegebenen Gotteskind gibt der Herr manchmal tatsächlich sogar durch eine hörbare Stimme eine plötzliche Erkenntnis. Wir bereiteten die Eröffnung eines dritten Buchladens in Butuan City auf Mindanao (Philippinen) vor. Für die finanziellen Bedürfnisse war gesorgt, und das Geld befand sich auf dem Weg zu uns; doch uns fehlten noch die anderen beiden vitalen Komponenten: ein Mitarbeiter und ein Raum, den wir mieten konnten. Woher sollten wir eine passende Verkäuferin nehmen? Eines Abends reiste ich von General Santos City heim, nachdem ich dort Minda in unserem ersten Zweiggeschäft geholfen hatte. Dort hatte ich auch ihre ältere Schwester Emma getroffen, die gerade mit ihrem schwer kranken Mann wieder heimgekommen war, der in einer anderen Stadt als Pastor gearbeitet hatte.

Der Bus war ein richtiger »Knochenrüttler«, und die Straße war rau und voller Schlaglöcher, daher konnte man nur schlecht schlafen. Die Reise dauerte die ganze Nacht, und ich betete immer wieder wegen des fehlenden Mitarbeiters. Plötzlich wurde ich durch eine Stimme oder Eingebung hellwach – ich bin nicht sicher, was es war; aber die Botschaft war ganz deutlich: »Nimm Emma für den Buchladen in General Santos City und nimm Minda, um das Geschäft in Butuan City zu eröffnen!«

Emma kam tatsächlich zu uns und betrieb 20 Jahre lang die Literaturarbeit. Später zog sie nach Davao City und wurde die Leiterin von sechs Buchläden. Minda ging nach Butuan City und eröffnete dort den Buchladen. Einige Zeit danach eröffnete sie noch in zwei anderen Städten Buchläden. Und noch später ging sie nach Zamboanga City, wobei sie den dortigen Buchladen nicht nur eröffnet, sondern auch bis heute geführt hat.

Ron Preece und seine Frau Kathy gehören seit 1970 der Heimatleitung der OMF in England an.

Gott hat alles unter Kontrolle

Als ich die erste Hälfte meines letzten Schuljahres beendet hatte, wurde ich Christ. Da werdet ihr euch nicht wundern, wenn ihr hört, dass ich wenig oder gar nicht für die Frage meiner Berufswahl gebetet hatte. Immerhin waren Anfragen meinetwegen unterwegs, ob ich in die Royal Military Academy in Sandhurst aufgenommen werden könnte. Die nötigen akademischen Qualifikationen hatte ich bereits erfüllt, und es blieb nur noch das Wochenende mit den Intelligenztests. Da wurden unmögliche Aufgaben gestellt, die mit unzureichender Ausrüstung ausgeführt werden mussten. Dann folgten Interviews mit den obersten Leuten dort. War der Umstand, dass Generalmajor Pratt große Stücke auf den Sergeanten »Tiffy« Preece, meinen Vater, hielt, der Grund, der mir einen Platz in Sandhurst sicherte?

Darauf folgten zwei äußerst wertvolle Jahre, sechs Monate davon in Kasernen und 18 Monate als Kadett. Die Disziplin war unglaublich streng, manchmal auch reichlich kleinlich, aber die Ausbildung war ausgezeichnet. Man konnte sehr viel an Selbstbeherrschung und an Kameradschaft, auch an Grundsätzen für Leiterschaft usw. lernen. Man trimmte uns bis zu einem hohen Grad an physischer Fitness, verbunden mit dem dazugehörigen körperlichen Wohlbefinden. Es gab reichlich Sport jeder Art, woran sich gesunde junge Männer erfreuen konnten, und sehr viel Kameradschaft in jeder Kompanie. Nur solche, die an einer wirklich hochklassigen, groß angelegten Parade mit ihrer Präzision und ihrer großartigen Stimmung teilgenommen haben – um nicht von Überheblichkeit zu reden –, können sich vorstellen, welch eine tolle Erfahrung das sein kann.

Die kleine, aber sehr aktive Abteilung der Officers' Christian Union[7] war mir geistlich eine große Hilfe. Natürlich gab es beim Militär auch eine Menge Enttäuschungen, Ungerechtigkeiten, Spannungen und Ärgerlichkeiten. Aber alles waren Erfahrungen, die ich nicht missen möchte, und ich habe oft mit Dankbarkeit darauf zurückgeblickt. Doch als sich alles dem Ende näherte, begegnete mir zum ersten Mal das Problem mit der göttlichen Führung.

Ich war gerade als stolzer Besitzer des Königlichen Offizierspatents aus der Prüfung gekommen und rechnete damit, in der Armee zu bleiben, bis ich alt und grau werden würde. Da sagten drei Leute völlig unabhängig voneinander zu mir, ich sollte in irgendeiner Weise in den vollzeitlichen Dienst des Herrn treten. Solch ein Gedanke war mir überhaupt noch nicht gekommen; aber das erstaunliche Zusammentreffen dieser drei Bemerkungen ließ mich innehalten. Ich war verwirrt, und das wurde noch verschlimmert durch meinen einzigen Besuch bei der Keswick-Konferenz. Immer wieder klang diese Herausforderung bei den Jugendveranstaltungen der Konferenz durch: »Bist du bereit, für den Herrn zu gehen – einerlei, wohin?« Ich fühlte mich genötigt aufzustehen, als zum letzten Mal dazu aufgerufen wurde; aber das war ein verwirrter Ron Preece, der das machte. Was wollte

---

7   A.d.H.: Heute *Armed Forces Christian Union* (Bezeichnung für eine Vereinigung engagierter Christen innerhalb der Streitkräfte).

der Herr von mir? Hatte ich in ein schlichtes, vielleicht zufälliges Zusammentreffen zu viel hineininterpretiert? Oder hatte der Herr mich wirklich innerlich angerührt, damit ich einen Wechsel meiner Lebensziele in Erwägung zog?

Auf die Keswick-Konferenz folgte ein Kinderlager, das die Officers' Christian Union in einer reizenden Gegend in der Grafschaft Devon durchführte. Das war eine völlig neue Erfahrung für mich, und ich sah ihr mit einer Mischung aus freudiger Erwartung und einigen Befürchtungen entgegen. Als ich eintraf, war das Lager schon einige Tage im Gange, und weil es noch am Nachmittag war, befanden sich die Kinder bei allerhand Aktivitäten. Eine unbekannte »Leiterin« setzte sich zu mir, als ich allein meinen Tee trank, und ich fragte sie, was im Camp bisher geschehen sei. Unter anderem erwähnte sie ein sogenanntes »Anker-Treffen«. Dort wurden die Kinder gefragt, ob ihnen ein Abschnitt der Bibel so wichtig geworden sei, dass sie sich daran festhalten konnten, wie ein Schiff an seinem Anker befestigt ist. Ein Mädchen hatte gesagt, sie glaube, sie sollte Krankenschwester werden; aber sie wollte sicher sein, dass dies der Wille Gottes war. Der Vers, der ihr zum Anker geworden war, stand in 1. Samuel 16,3. Dort hatte Gott Samuel mit dem Auftrag losgeschickt, David zu salben, und zu ihm gesagt: »Ich werde dir kundtun, was du tun sollst!«

Dies war genau das Wort von Gott, das ich hören musste. In seiner Gnade hatte er diese freundliche Frau veranlasst, sich an diesen besonderen Vers zu erinnern und ihn zu zitieren, und durch ihn sprach er zu mir und ließ alle Fragen und alle Verwirrung verstummen. Ich war sowieso noch für drei weitere Jahre verpflichtet, im Heer zu dienen. Da war es meine Aufgabe, so gut wie möglich als Offizier meinen Dienst zu tun und dabei Gott zu bitten, mir die Wege zu bahnen – einerlei, in welche Richtung sie führen würden.

Der Dienst in Ägypten füllte die nächsten drei Jahre aus, und während dieser Zeit wuchs in mir die Überzeugung, dass ich den Militärdienst verlassen und Theologie studieren sollte. So nahm ich meinen Abschied von der Truppe.

Als diese Entscheidung gefällt war, lautete die nächste Frage: »Auf welchem College?« Ich kannte nur wenige davon. Als Ergebnis eines Gesprächs mit dem Militärseelsorger schrieb ich an Dr. Coggan. Dieser war Direktor des damals so genannten London College of Divinity. Nachdem mein Abschiedsgesuch angenommen worden war, hatte ich erwartet, die Truppe im Juli zu verlassen, wurde jedoch schon im Mai von den zuständigen Stellen ausgemustert, wobei man auf die sonst üblichen Formalitäten weitgehend verzichtete. Der Herr betrieb diese Eile, weil ich nun ein Vorstellungsgespräch führen konnte, das mir die Hoffnung gab, schon im nächsten Jahr mit dem Studium am College anfangen zu können.

Am Pfingstmontag verließ ich eilig ein Kricketspiel und durchquerte London, um Dr. Coggan zu treffen, der mich dann zum College brachte, das sich damals in Surrey befand. Am nächsten Tag war nur Zeit für ein kurzes Gespräch, bevor alle Dozenten von ihren Vorlesungen in Anspruch genommen wurden. So ging ich in der Gegend spazieren, bevor ich den Direktor wieder sprechen konnte. Die Gärten sahen prächtig aus, und ich ging umher, wobei ich still bat, der Wille des Herrn möge geschehen, bis ich unter einem Baum stehen blieb. Als ich so dastand, wurde mir richtig wohl ums Herz. Ich wurde von einem wunderbaren Gefühl des Friedens und der Sicherheit umflutet, das ich nicht beschreiben kann. Es war durchaus ein physisches Erlebnis, aber es war viel mehr. Da wusste ich, dass – was immer bei dem Gespräch herauskommen würde und wie viele Hürden noch zu überwinden waren – ich auf jeden Fall hierherkommen und hier studieren würde. Wer mich kennt, würde sagen, dass solch ein Erlebnis völlig untypisch für mich ist, und ich muss dem zustimmen; aber ich sah darin die Bestätigung des Herrn für seine Berufung. Ich hatte etwas Ähnliches noch nie erlebt und sollte es auch nur noch einmal wieder erfahren.

Das zweite Erlebnis dieser Art kam ungefähr 18 Jahre später. Der Ordination folgten zweieinhalb Jahre glücklichen Dienstes und ein klassisches Beispiel dafür, wie ein Hilfsgeistlicher die Sonntagsschullehrerin heiratet! Kathy und ich untersuchten sorgfältig die Möglichkeit, mit der OMF in Ostasien zu arbeiten. Allerdings, wie Paulus verhindert wurde, nach Bithynien zu gehen, und nach Mazedonien umdirigiert wurde, so blieb auch unsere »Tür« nach Ostasien verschlossen, und wir antworteten auf einen Ruf nach Brasilien.

Als diese Periode zu Ende ging, genossen wir sechs wunderbare Jahre als Religionslehrer an einer Schule in Canterbury. An einem Freitagabend im Februar war ich mit dem Rad nach Hause gefahren und freute mich auf die Ferien nach der ersten Hälfte des Semesters. Diese erste Hälfte des Semesters war reichlich ereignislos verlaufen, und ich sank in den Sessel am Kamin, um die Post durchzuschauen. Von dem Augenblick an war alle Hoffnung auf einen friedlichen Abend dahin. »Wir strukturieren unser Hauptquartier in London um …«, schrieb Denis Lane von der OMF. »Könntet ihr euch vorstellen, bei uns mitzumachen?« Unsere erste Reaktion war Ablehnung; aber weil wir die OMF kannten, kamen wir zu der Einsicht, dass ein solcher Brief nur nach sehr viel Gebet geschrieben worden war. Wir willigten ein, dafür zu beten, und begrüßten den Vorschlag, dass Denis herüberkommen wollte, um mit uns darüber zu sprechen.

Alles hatte an jenem Freitagabend angefangen. Am Sonntag nahmen wir wie gewöhnlich unsere Plätze im Gottesdienst ein und erwarteten nichts Besonderes, doch damit stellt man sich selbst ein Armutszeugnis aus! Der gesamte Ablauf des Morgengottesdienstes – die Lieder, die Gebete, die Predigt – alles hatte nur ein Thema: »Geht!« Kathy und ich blickten uns am Ende an, und wir sagten: »Jetzt haben wir gute Gründe nötig, um ›Nein‹ sagen zu können!«

Denis kam zehn Tage später als verabredet zu uns. Und nach ernsthafter Unterhaltung mit ihm begriffen wir, dass der Herr uns in die OMF gerufen hatte, auch wenn wir nur für die Arbeit derjenigen Missionare verantwortlich sein sollten, die im Heimaturlaub über ihre Arbeit berichteten! Als Denis uns verlassen hatte, geschah es zum zweiten Mal. Ich stand im Wohnzimmer, als mich eine freudige Erregung und ein tiefer Frieden erfüllten. Nur Sekunden, dann war alles vorüber – wie damals, aber es war unbeschreiblich real. Später erfuhren wir, dass ein Mitarbeiter der OMF seit elf Jahren dafür gebetet hatte, der Herr möge uns in diese Gemeinschaft führen.

Ich denke mir, dass wir – wenn unsere Erkenntnis einmal viel umfassender sein wird und wir in Gottes Herrlichkeit sein werden – deutlicher sehen werden, wie Gott einfach wunderbar unser gesamtes Sein und unsere Umstände unter Kontrolle hatte, um seine Absichten sowohl in uns als auch durch uns zu vollenden. Tag für Tag drängt uns seine liebende Hand ohne Unterbrechung auf dem Weg voran, den er für uns ausgewählt hat. Aber es gibt besondere Zeiten, die wir immer im Gedächtnis festhalten, um seinem Namen Ehre und Dank darzubringen.

Ulla Fewster aus Schweden kam 1968 zur OMF.

Münzen und Träume

Als ich das erste Mal als Missionarin nach Thailand kam, bevor ich meinem Ehemann begegnete und mich der OMF anschloss, wohnte ich an dem schrecklichsten Ort, den ich jemals gesehen hatte. Dort traf ich auch eine andere junge schwedische Missionarin, Maj-Lis Jogbrant. Sie war schon fast ein Jahr vor mir nach Thailand gekommen, und so war ihre Zeit an der Union Language School bereits beinahe vorbei, als ich dort anfing. Eines Abends wurden wir zu einem monatlichen Gebetstreffen eingeladen, das meine erste Möglichkeit war, viele der anderen Missionare kennenzulernen. Aber sollten wir gehen? Weder Maj-Lis noch ich wussten, was wir machen sollten; denn als Sprachschülerinnen behandelte man uns mehr als Würste, die gestopft werden sollten, denn als Menschen, indem man versuchte, mit Gewalt immer mehr Wissen in uns hineinzustopfen. Wenn wir zum Gebetstreffen gingen, das eine ziemliche Strecke von Bangkok entfernt stattfand, erhob sich die Frage: Wie sollten wir dann unsere Hausaufgaben erledigen? Fromm, wie wir Mädchen waren, warfen wir eine Münze. Bei »Kopf« wollten wir daheimbleiben und bei »Zahl« gehen. Wir warfen die Münze, und es war »Kopf«. Aber dann stellten wir fest, dass wir gern gegangen wären, und so gingen wir. Preist den Herrn, dass wir gegangen sind!

In der Gebetsstunde wurden Maj-Lis und ich zwei kanadischen Mädchen vorgestellt, Jean und Marion Bolton, die Teilzeitmissionarinnen waren, sich aber als Sekretärinnen selbst versorgen mussten. Und sie waren erstklassige Sekretärinnen. Während Marion mir die Hand gab, rief sie plötzlich: »Aber wir haben uns schon einmal gesehen!« Das meinte ich nicht; trotzdem versuchten wir beide, kurze Zeit später herauszufinden, wo wir uns begegnet sein könnten – doch ohne Ergebnis. Während des Gebetstreffens allerdings flüsterte Marion Jean ins Ohr: »Erinnerst du dich noch an den Traum, von dem ich dir vor drei Wochen erzählt habe?« Ja, Jean erinnerte sich. Marion hatte geträumt, sie sei in ein Haus gekommen, in dem mehrere kleine Gruppen von Schülerinnen jeweils mit einer Lehrerin an Tischen saßen. Zwei Lehrerinnen waren so deutlich zu erkennen, dass Marion sie ihrer Kollegin beschreiben konnte. Eine davon war ich!

Jean und Marion erzählten uns nichts von dem Traum; aber sie luden uns sehr wohl einige Tage später zum Abendessen in ihrem Haus ein. Wir nahmen die Einladung an. Ich kann mich immer noch daran erinnern, wie ich das Haus betrat. Ja, heute noch kann ich die Gänsehaut auf meinen Armen spüren! Da war wieder die leise Stimme in mir, Gottes Stimme, die mir sagte: »Ulla, hier sollst du wohnen, und zwar zusammen mit diesen Mädchen.« Selbstverständlich wusste ich immer noch nichts von Marions Traum.

An jenem Abend sagte ich Jean und Marion nichts davon, wohl aber Maj-Lis auf dem Nachhauseweg. »Lass uns umkehren und es ihnen sagen!«, rief sie. »Nein, nein, wie sollte ich? Vergleiche doch bloß ihre Wohnung mit der unsrigen ...!« Ich hatte Angst, sie könnten meinen, ich wollte ein besseres Haus, um darin zu wohnen! Doch Maj-Lis bestand darauf – das sei Gottes Stimme, die ich gehört hätte. »Lass uns eine Woche lang dafür beten«, schlug sie vor. »Wenn du am Ende der Woche immer noch meinst, ihr Haus sei der Ort für dich, dann werde ich mit dir gehen und es ihnen sagen.«

Eine Woche später gingen wir wieder zu Jeans und Marions Haus, und ich drückte mit zitternden Fingern den Klingelknopf. Jean war zu Hause und ließ uns gern herein. »Nun, Jean«, sagte ich, »ich muss dir gleich zu Anfang etwas verraten. Als ich neulich abends bei euch war, hatte ich das Empfinden, dass Gott mir sagte, dies sei der Ort, an dem ich wohnen sollte. Offensichtlich will er, dass ich mit dir zusammenarbeite.«

»Das ist ganz richtig«, antwortete Jean, »wir wussten das schon. Wir wollten nur, dass *Gott* derjenige sein sollte, der es euch mitteilt.« Dann erzählte sie uns Marions Traum. Wir waren einfach platt. Zugleich aber erfüllten uns ehrfürchtiges Staunen und Dankbarkeit Gott gegenüber.

Einige Tage später verließ ich meine schrecklich heruntergekommene Bleibe und zog in das hübsche Haus, in dem Marion und Jean wohnten. Ich begann, an den Wochenenden und an mehreren Abenden Bibelunterricht zu erteilen, und als ich mein Jahr an der Sprachschule abgeschlossen hatte, wurde ich vollzeitliche Lehrerin im englischsprachigen Bibelunterricht.

Grundsatz 6:
Geh voran im Glauben!

Valerie Empson aus England kam 1980 zur OMF.

Volkstanz oder Chinesisch?

»Ich will Volkstanz-Unterricht nehmen!« – Mit diesem Satz fing alles an. Ich hatte einen herausfordernden Beruf als Lehrerin in Liverpool, außerdem war ich dort in die Gemeindearbeit eingespannt. So hatte ich das Bedürfnis, etwas für meine Entspannung zu unternehmen. Aber die Vorstellungen des Herrn und die meinen erwiesen sich als zwei ganz verschiedene Dinge, was Entspannung betraf!

Während ich nachschaute, wann die Volkstanzkurse begannen, sprang mir das Wort »Chinesisch« in die Augen. Ich kann es einfach nicht anders beschreiben. Ich fühlte, dass irgendetwas geschehen war, wusste jedoch noch nicht, was. Nur eins war mir klar: Meine freie Zeit war rar und deshalb kostbar. Darum musste ich sicher sein, dass ich sie richtig nutzte.

Zunächst hatte ich versucht, die Idee mit dem Chinesischen abzuschütteln, aber das wollte nicht funktionieren. Da begann ich zu beten, weil ich etwas so Schwieriges wie Chinesisch-Lernen nur in Angriff nehmen wollte, wenn ich absolut sicher war, dass es der Wille des Herrn war. Während ich betete, kam mir das zweite Kapitel des Matthäusevangeliums in den Sinn, und ich schlug es auf. Einige schon früher unterstrichene Worte starrten mich an – Worte über die Weisen aus dem Morgenland, die Jesus angebetet hatten. »Ich weiß, dass die Leute aus dem Osten es nötig haben, dich anzubeten«, sagte ich dem Herrn, »aber daraus kann ich nicht entnehmen, dass ich Chinesisch lernen soll.« Dann begriff ich den Zusammenhang zwischen Chinesisch und dem Osten!

Es schien unglaublich – solch ein klares Wort! Und trotzdem wollte ich prüfen, ob auch praktische Dinge ins Bild passten. Der Unterricht sollte am Donnerstag stattfinden – donnerstags hatte ich aber keine Zeit. Auch war mir gesagt worden, dass die Räumlichkeiten für diesen speziellen Abendschulkurs in einer sehr gefährlichen Gegend lagen und ich dort nicht allein hingehen sollte.

Unerwarteterweise erhielt ich in der nächsten Woche am Donnerstag frei. Außerdem entdeckte ich, dass der Chinesisch-Unterricht in einem anderen Gebäude an der Hauptstraße und in der Nähe einer Bushaltestelle erteilt werden sollte. Jetzt gab es kein Zurück mehr. Ich musste gehen und mich für den Unterricht anmelden. Am ersten Abend ging ich, bestärkt durch die Bibellese an diesem Tag, dorthin. Da hatte ich gelesen, ich solle mit meinem ganzen Herzen dem Herrn und nicht auf meinen Verstand vertrauen (vgl. Sprüche 3,5). Sogar auf dieser Stufe verwunderte ich mich über alles, was der Herr getan hatte, um mir so viel Sicherheit zu geben, dass ich überhaupt keine Zweifel daran hatte: Dies alles kam von ihm. Daraus würde noch mehr entstehen!

Ich hatte immer gedacht, um Missionar zu werden, müsse ich einen Weg voller Leiden und Aufopferung gehen; aber genau das Gegenteil war bei mir der Fall. Mein erster zaghafter Gehorsamsschritt führte von einem Segen zum anderen und bereicherte auch meine Beziehung zum Herrn, als ich anfing, das Geheimnis zu entdecken, dass man seinen Willen herausfinden kann, wenn man nahe bei ihm bleibt – einerlei, was es kostet. Dadurch lernte ich auch, seine Freude und seinen Frieden in einem Leben zu genießen, das ihm willig ausgeliefert bleibt.

Meine sechs Kurssemester an der Abendschule waren ein Vergnügen. Wir waren neun Schüler, und unser Lehrer war ein Chinese, der sein Volk und seine Sprache liebte. Er zog keinen wirklich akademischen Kurs durch, trotzdem erwies sich sein Unterricht als eine unschätzbar wertvolle Einführung ins Chinesische – mit seiner Grammatik, seinen Zeichen und den vier Tönen. Wenn Übungen durchgeführt wurden, tat ich mein Bestes, weil ich wusste, dass es der Herr war, der mich in diesen Lehrgang gebracht hatte.

Mit der Zeit begann ich, mich mit einem der Mädchen anzufreunden, das zu diesem Zeitpunkt ganz tief in der Transzendentalen Meditation steckte, und ich begann zu glauben, dass sie vielleicht der Grund sei, weshalb ich hier war. Dazu verdrängte ich bequemerweise, was ich dem Herrn versprochen hatte: »Wenn du willst, dass ich den Leuten im Osten von dir sagen soll, bin ich dazu bereit – einerlei, auf welche Weise.«

Nach drei Abendschulsemestern sagte mir eine enge Freundin, sie habe den Eindruck, dass ich zu viel Zeit für das Chinesisch-Lernen verschwende und dabei sei, es anderen Dingen vorzuziehen. Hielt ich nun die Zeit für gekommen, mit der Abendschule aufzuhören?

So etwas war mir nie in den Sinn gekommen; aber ich begriff: Der Herr benutzte die ganze Angelegenheit dazu, mich an den Punkt zu bringen, dass ich im Gebet zu ihm zurückkehrte, um die Herausforderung anzunehmen, zu der ich berufen war. Ich fuhr fort und legte ihm alle meine Motive für eine Fortsetzung des Lehrgangs vor. Dieser Teil war einfach. Nicht so einfach war es, all diese Motive beiseitezulegen und wirklich zu einer Alternative bereit zu sein. Die Gebete wurden zu einem Ringen; doch es trat völliger Frieden ein, nachdem ich mich unterworfen hatte, und ich fragte mich, warum ich das nicht schon früher getan hatte. Alles gehörte zu meinem Wachstum im Herrn!

Er verlangte nicht, mit der Abendschule Schluss zu machen; aber er forderte mich auf, »die Türen zu öffnen«, um herauszufinden, weshalb ich Chinesisch lernte. In der Vergangenheit hatten mich zwei Prediger zu unterschiedlichen Zeiten gefragt, ob ich jemals daran gedacht hätte, in Übersee Dienst zu tun.

Das hatte ich aber nicht sehr ernsthaft erwogen. Jetzt war die Zeit gekommen, um zu erkennen, ob dies doch eine Möglichkeit war.

Ich kannte jemanden aus der englischen OMF-Heimatleitung, was es mir erleichterte, an die OMF zu schreiben, obwohl ich wenig über sie wusste. Dabei ermutigte es mich, diese Dinge mit Doug Sadler, einem der OMF-Regionalleiter, besprechen zu können. Er sagte mir, er habe das Gefühl, der Herr könne mich sehr wohl dahin leiten, ihm zu Hause oder in Übersee vollzeitlich zu dienen. Er riet mir, zu der jährlich stattfindenden Jugendkonferenz zu fahren.

Doch es dauerte nicht lange, bis sich Befürchtungen bei mir einschlichen. Wie würde die Familie reagieren? Wie ist es mit den Impfungen? Ich hasse Spritzen! Und mein Haar! Wie sollte ich mit meinem Haar umgehen, wenn ich auswandern sollte? Das waren Befürchtungen, die ich eigentlich dem Herrn nicht sagen mochte. Sie belasteten mich und machten mich unglücklich. Diese Ängste waren real; aber sie waren unbegründet. Zu dem Zeitpunkt war es gar nicht sicher, ob ich überhaupt ins Ausland gehen würde. Aber der Herr verstand mich und erinnerte mich einfach an ein Lied, in dem es heißt, dass der Herr seine Herrlichkeit auf unseren Weg scheinen lassen werde, wenn wir im Licht seines Wortes wandeln. Mehr brauchte ich nicht, weil ich wusste, dass ich im Licht seines Wortes voranging, und auf diesem Weg würde nur noch von Herrlichkeit die Rede sein – nicht von Ängsten, mit denen ich nicht fertigwerden könnte.

Ich kam bei der Jugendkonferenz an und fühlte mich unwohl. Ich fragte mich, was der Herr mit mir vorhatte. Nach der langen Reise war ich durstig. So nahm ich einen Becher, um etwas zu trinken, und las, was darauf stand: »Der Herr, dein Gott, hat dich erwählt!« Ich musste lachen, trank schnell aus und stellte den Becher hin. Wie verwickelt sind doch die Wege des Herrn! Am nächsten Morgen fragte ich ihn, was ich zu

Beginn der Konferenz lesen sollte, und er zeigte mir Jesaja 43 – und dort fand ich denselben Gedanken: »… mein Knecht, den ich erwählt habe.« Ich weiß, dass ich von Gott erwählt bin, aber wozu? Das wusste ich nicht. Doch erkannte ich, dass Gott diese Worte benutzte, um auf alles sein Siegel zu setzen, was er in den letzten zwei Jahren an mir getan hatte.

Man schlug mir vor, eine Bibelschule zu besuchen. Dagegen sträubte ich mich innerlich. Ich gehörte dem Herrn seit zwölf Jahren. Seit neun Jahren war ich Lehrerin, und Sonntagsschullehrerin war ich sogar noch länger. Wozu dann noch eine weitere Ausbildung? Es war ein OMF-Flyer, der mich herausforderte und mir einzusehen half, dass ich zwar seinerzeit bereit gewesen war, drei Jahre Ausbildung für einen weltlichen Beruf auf mich zu nehmen. Doch nun, da ich mit der Weitergabe des überaus kostbaren Wortes des Lebens betraut wurde – sollte ich da wirklich meinen, es nicht nötig zu haben, Lernzeit dafür zu investieren? War ich in der Lage, unausgerüstet in den vollzeitlichen Dienst einzusteigen?

Ich erkannte meine Arroganz; doch auch als ich schon einen Kurs am Redcliffe Missionary Training College begonnen hatte, hielt ich mich für ein bereits geformtes Tongefäß, das nur noch ein wenig Farbe und Lack benötigte, um ganz fertig zu sein! Aber schon kurze Zeit später begriff ich, dass ich eher doch nur ein Klumpen Ton war, der es noch nötig hatte, geformt zu werden!

Die Führung des Herrn war deutlich geworden; aber jetzt galt es, neue Aspekte davon zu entdecken!

Zu der Führung zu einem vorbereiteten Ort gehört immer eine »Zubereitung«, um in der Lage zu sein, die weiteren Schritte gehen zu können. So gab es Zeiten, in denen der Herr mich ausbremsen und sagen musste: »Warte – ich habe Dinge, die ich dir sagen möchte, Dinge, die ich dich lehren möchte.«

So wurde die Idee mit dem Volkstanz zum Start einer sorgfältigen fünfjährigen Vorbereitung auf das Werk in Übersee mit der OMF. Unser Gott ist ein gnädiger Gott, der uns entsprechend unserer Persönlichkeit führt. Obwohl er wusste, dass ich schließlich zu gehen bereit war, wusste er auch: Ich wäre überfordert gewesen, wenn ich alles auf einmal hätte erfassen sollen. Anstatt mir die volle Verantwortung für den Gedanken aufzuerlegen, den er mir vor Jahren eingegeben hatte, fuhr er fort, mich sehr schlicht Schritt für Schritt auf dem Weg weiterzuführen, den er für mich vorbereitet hatte.

Nun, nachdem ich auf Taiwan zwei Jahre Chinesisch studiert habe und an der Schwelle stehe, zur Hälfte zu studieren und zur Hälfte zu arbeiten, kann ich hier auf zwei Jahre zurückblicken, von denen ich weiß, dass ich sie bis ins Letzte genossen habe. Denn bis heute bestand der erwartete Kulturschock höchstens in zwölf Zentimeter langen Bananen und Katzen mit kurzen Schwänzen! Die Kämpfe mit der Angst, die ich zu Hause durchfechten musste, haben auch dort ihr Ende gefunden, und es fällt mir nun umso leichter, mich geborgen in der Liebe des Herrn an eine neue Kultur zu gewöhnen. Natürlich hören die Übungen nicht auf, und ich bin dem Herrn so dankbar, ausreichend dafür gesorgt zu haben, dass ich stets wünsche, mein Begehren in Übereinstimmung mit seinem Willen zu bringen.

Carolyn Blomfield verließ Australien im Jahr 1977, um als Krankenschwester in Thailand zu arbeiten.

Geh los!

Wenn ein neugeborenes Kalb unsicher auf seinen wackligen Beinen zu stehen und dann zu gehen versucht, fragt es dann: »Na, Mama, soll ich erst meinen linken Vorderfuß anheben und dann meinen rechten Fuß hinten und danach meinen rechten Vor-

derfuß, dann meinen linken Fuß hinten, oder sollte ich anders-
herum mit dem rechten Hinterfuß anfangen und …?« So wäre
sicher die Antwort: »Du liebe Zeit, Kleines, geh einfach los!«

Gott hat mir einen Kopf mit einem gesunden Menschen-
verstand gegeben, den ich gebrauchen soll, und eine Menge
Führung habe ich dadurch erhalten, dass ich unter anhaltendem
Gebet vernünftige Entscheidungen traf und Gott bat, er möge
alle Türen verschließen, wenn ich mich irren sollte. Weil ich
eine wundervolle Kindheit auf dem Land genossen hatte, gab
es für mich viele Gelegenheiten, die Freude zu genießen, junge
Tiere zu beobachten, die unter der Anleitung ihrer Eltern heran-
wuchsen. Weil ich in der Liebe meiner eigenen Eltern geborgen
war, kann ich jetzt zurückblickend sehen, wo sie mich in Zeiten geleitet und beschützt haben, in denen ich es gar nicht wahrgenommen hatte. Und in wie viel größerem Maße ist mein
himmlischer Vater dazu imstande!

Ich begegnete ihm im zweiten Jahr meiner Schwesternausbildung. Einige Schwestern, deren große Sicherheit und
bemerkenswerte Stabilität mich in Staunen versetzten, luden
mich zu den Versammlungen der Nurses Christian Fellowship[8]
ein. Dort hörte ich zum ersten Mal von den Ansprüchen Jesu
Christi auf mein Leben. Ich kämpfte ein Jahr lang mit dieser
Wahrheit, bis ich mich endlich von ihr überwinden ließ. Daraufhin erschien es mir vernünftig, den eingeschlagenen Kurs bei-
zubehalten und die Krankenpflegeausbildung zu Ende zu führen.

Als noch sehr junge Christin forderten mich die Worte in
Lukas 12,48 sehr stark heraus: »Jedem aber, dem viel gegeben ist
– viel wird von ihm verlangt werden.« Hatte Gott mir nicht eine
wunderbare, von so viel Liebe und Sicherheit geprägte Kindheit
gegeben, eine gute Erziehung, einen Beruf als Krankenschwester,

---

8   A. d. H.: Svw. *Christlicher Schwesternverein.* Damit ist ein in Australien und anderen
    Ländern aktiver Zusammenschluss von christlichen Krankenschwestern und denen
    gemeint, die sich krankenpflegerisch ausbilden lassen.

eine hundertprozentige Gesundheit und jetzt neues Leben und ewige Sicherheit in Christus? Nun, alle diese riesigen Privilegien brachten eine ungeheuer große Verantwortung mit sich – wie wollte Gott nun, dass ich sie nutzte? Auf dem Missionsfeld? »O nein, Herr, ich bin kein supergeistlicher Riese. Ich bin kein Missionarstyp, ich bin nur ein ganz gewöhnliches Mädchen vom Land.«

Einige meiner Schwesternkolleginnen gehörten zu denen, die mutig vorangingen; sie waren Do-it-yourself-Typen, denen in jeder Not etwas einfiel. Die waren maßgeschneidert für das Missionsfeld – nicht so wie ich, Dank sei Gott! Aufregende Geschichten von einsamen Ärzten und Schwestern und von ihren Abenteuern im Dschungel zu lesen, war so lange interessant, wie ich nichts wirklich damit zu tun hatte. Nein, ich müsste schon durch einen eindeutigen »Ruf« die entsprechende Zusicherung haben, bevor ich mich bereitgefunden hätte, in die Wildnis zu ziehen. Mögen nur die Tapferen und Fähigen gehen, und ich werde daheimbleiben und sie unterstützen. Mir gefiel der Gedanke, Missionare müssten dazu »geboren« sein, dann würden ihr Eifer für Gott und ihr von Herzen kommendes Engagement für die Verlorenen sie geradewegs auf das Missionsfeld treiben, ohne jemals zu zweifeln oder ängstlich zu werden. Solchen würde es nicht schwerfallen, die Sicherheiten von Heim, Familie und einer guten Arbeitsstelle aufzugeben. Ich versuchte, hinter dieser lächerlichen Annahme die Tatsache zu verbergen, dass ich meinte, nicht zu den »Berufenen« zu gehören, weil ich nicht so empfand, wie ein Missionar aus meiner Sicht empfinden müsste. Und ich hoffte heimlich, dass dies Gottes »Führung« für mich sei.

Die Antwort kam: »Vertraue auf den HERRN mit deinem ganzen Herzen, und stütze dich nicht [nur] auf deinen Verstand. Erkenne ihn auf allen deinen Wegen, und er wird gerade machen deine Pfade« (Sprüche 3,5-6). Das hieß doch: »Ich habe einen vollkommenen Plan für dein Leben – bist du willens, ihn auszuprobieren?«

»Ja, Herr, es ist nur ganz selbstverständlich, dem Schöpfer meines Lebens zu vertrauen. Wenn du mich auf dem Missionsfeld haben willst, dann meine ich, willens dazu zu sein. Ich bin erschreckt von diesem Gedanken; aber wenn es dein Plan für mich ist, dann hilf mir, hundertprozentig willig zu sein.«

Wenn ... wenn Gott mich auf das Missionsfeld führen sollte, dann sollte ich mich vernünftigerweise dafür entscheiden, einen Grundkurs für Hebammen und für Kinderpflege mitzumachen und mir ebenso grundlegende und umfassende Bibelkenntnisse anzueignen. Ich wusste, dass ich mich in zunehmendem Maße auf meinen himmlischen Vater stützen musste, wenn auf dem Missionsfeld in Übersee niemand da war, den man fragen konnte. Ich verlangte danach, ihn besser kennenzulernen, um mich desto besser auf ihn stützen zu können. Hinzu kam, dass es so viele falsche Lehren sowohl innerhalb als auch außerhalb der Kirche gab und die Bibel uns voraussagt, dass dies vor Christi Wiederkommen noch stark zunehmen werde. Da wollte ich tief gegründet sein in dem, was die Bibel lehrt. Nachdem ich meine Krankenpflegeausbildung abgeschlossen hatte, wollte ich mich auch in Gottes Wort festigen. Das schien der nächste vernünftige Schritt zu sein ... und ich bin sehr froh, ihn gemacht zu haben. Diese drei Jahre waren das reine Gold, als es darum ging, gemeinsam die Reichtümer zu erforschen, die uns in Christus als Erbe zugefallen sind.

Danach kam die wirkliche Krise. Die berufliche Grundausbildung war abgeschlossen, die biblische Grundausbildung war abgeschlossen, doch der nächste Schritt war schwieriger – es lag kein ganz offensichtlich »vernünftiger« Schritt vor mir. Was nun? Es gab so viele Möglichkeiten.

Die meisten Bibelschulabgänger scheinen im letzten Jahr durch diese Kämpfe zu gehen: ›Was will der Herr, dass ich im nächsten Jahr tue?‹ Ich machte da keine Ausnahme! Ein Dozent hatte uns ermutigt, indem er uns versicherte, dass Gott in der Lage sei, jeden von uns seinen individuellen Weg zu führen. Die

Feinsinnigen würde er auf feinsinnige Weise führen, und die, die ungefähr so einfühlsam wie ein »Elefant im Porzellanladen« sind, wüsste er, auf ebensolche Weise zu leiten. Ich passte in die zweite Gruppe. Ich bin ziemlich skeptischer Natur und misstraue meinen »Gefühlen«, »sanften Hinweisen« usw.

In jeder Woche kam eine andere Missionsgesellschaft in unsere Bibelschule, um uns die Herausforderungen ihrer Dienste vorzustellen. Gewiss, nach menschlichen Überlegungen gibt es ein schreckliches Ungleichgewicht in der heutigen Welt. Der Westen hat nämlich seine gewaltigen materiellen und geistigen Reichtümer auf eine solche Weise als normal akzeptiert, dass er jetzt ganz offensichtlich seine von Gott gegebenen Privilegien missbraucht. »Jedem aber, dem viel gegeben ist – viel wird von ihm verlangt werden.« Diese Worte waren mir unauslöschlich in mein Wesen eingebrannt. Jesus hat sogar noch stärkere Worte gesprochen. Er sagte: »Geh!« Aber ich fühlte mich so gewöhnlich, und für mich standen Missionare noch immer auf einem hohen Sockel. Ich glaube, dass dies eine der listigsten Betrugswaffen Satans ist. Wie viele von denen, die mit Gottes Aufträgen betraut wurden, sind zu Hause geblieben, weil sie sich so »gewöhnlich« vorkamen! Komm aufs Missionsfeld, und du wirst entdecken, wie gewöhnlich Missionare sind! Podeste müssen wie der Turmbau zu Babel zerschmettert werden.

Weil ich so langsam dem weitverbreiteten Syndrom (»Hier bin ich, sende meinen Nachbarn«) zu entkommen begann, konnte ich die Fakten nicht mehr leugnen. Die physischen und geistlichen Nöte so vieler Regionen der Welt waren so groß, dass Hilfe dringend geboten war. Die da draußen, das sind Menschen *wie du und ich*. Wie würde ich mich fühlen, wenn ich in ihrer Haut steckte und ich wüsste, dass irgendjemand helfen könnte, es aber nicht tut, weil er sich zu »gewöhnlich« vorkommt, um sich gebrauchen zu lassen? Wenn wir uns in der Ewigkeit begegneten, könnte ich ihnen in die Augen blicken?

Das reichte! »Ich will gehen«, betete ich. »Danke, dass du mich willig gemacht hast. Aber, bitte Herr, in welches Land? Mit welcher Mission? Es gibt so viele Missionsgesellschaften. Wie soll ich mich entscheiden? Dies ist mein letztes Semester an der Bibelschule. Führe mich bitte so, wie es deutlicher nicht geht! Triff meinen Kopf mit einem Schmiedehammer, wenn ich auf die Missionsgesellschaft stoße, die du für mich ausgesucht hast!«

Zwei Mädchen durchlitten die gleichen Kämpfe wie ich und luden mich ein, mit ihnen zusammen wöchentlich um klare Führung zu beten. Oh, diese Qual des Wartens! Dann verkündete eine meiner Freudinnen ganz aufgeregt: »Gott hat mir geantwortet! Preist den Herrn! Er will, dass ich nach Ecuador gehe!« Wir freuten uns mit ihr; doch ich fragte sofort, woher sie das wisse. »Ich las in der Bibliothek einige Missionszeitschriften durch, und plötzlich fiel mein Auge auf einen Artikel über Ecuador, und da *wusste* ich einfach: ›Das ist der Ort für mich!‹« Während ich mich über die Antwort auf die Gebete meiner Freundin freute, sank mir der Mut. »Ich danke dir von Herzen, lieber Vater, dass du meiner Freundin eine solche Sicherheit in Bezug auf deine Wegführung gegeben hast; aber bitte, Herr, ich vernehme nicht so deutlich die Stimme deines Heiligen Geistes wie sie. Bitte leite mich lieber wie mit einem Schmiedehammer!«

Mitten in meinem dritten Semester besuchte Michael Griffiths unsere Bibelschule und beschrieb uns den Dienst der OMF an Ostasiens Millionen. Etwas ließ in mir eine Saite erklingen – das Teamarbeiter-Konzept, in dem medizinisches Personal, Gemeindegründer und Evangelisten aus vielen verschiedenen Ländern und Denominationen vereint in Christus für dasselbe Ziel arbeiten. Das sagte mir zu. Hinterher sprach ich noch persönlich mit ihm, wobei ich meine Karten auf den Tisch legte und ihm meine Befürchtungen mitteilte. »Ich bin willens zu gehen; aber ich halte mich noch immer für ungenügend ausgebildet – welchen Rat können Sie mir geben?« Als Antwort fragte er: »Wie alt sind Sie?« »Dreißig.« »Dann lautet mein Rat an Sie, junge Dame: Gehen Sie los!« Ich hatte um einen Schlag mit dem Schmiedehammer gebeten. Jetzt hatte ich ihn erhalten. Gott kann kein stillstehendes Fahrzeug lenken. So nahm ich Michael Griffiths' Rat an und begann zu gehen, indem ich unter Gebet die ersten Aufnahmeformulare für die OMF ausfüllte. »Herr, dies ist der erste Schritt in den Rest meines Lebens. Diesmal brauche ich wirklich eine Schwarz-Weiß-Führung. Wenn ich nicht dazu bestimmt bin, mit der OMF hinauszugehen, dann schließe bitte die Tür zur OMF so fest zu, dass niemand sie öffnen kann – einerlei, wie verzweifelt Krankenschwestern gebraucht werden und wie vorteilhaft meine Dienstzeugnisse und meine Eignungsprüfungen ausfallen. Wenn ich aber eine vom OMF-Team sein soll, dann öffne du diese Tür – einerlei, wie wenig beeindruckend sie mich finden – und lass nicht zu, dass jemand sie verschließt.«

Weitere heftige Gebetskämpfe warteten auf mich. »Herr, wenn du mir einen Ehemann geben wolltest, dann könnte ich mich auf seinen Rat und seine Weisheit stützen … ich wäre willig, ihm zu folgen, überall, wohin er sich geführt fühlt … Du weißt, dass ich es hasse, selbstständige Entscheidungen zu treffen …« »Ich bin dein Vater, *vertraue mir*, dass ich dich führe … ich will nicht, dass du dich auf jemand anderen stützt … verlass dich auf mich … ich bin dein Gott, ich werde dich mit meiner siegreichen rechten Hand aufrecht halten.«

Schließlich kam ein Telefonanruf: »… willkommen in der OMF-Familie …!« Ich erinnere mich, dass ich den Telefonhörer einhängte und in mein Zimmer zurückstolperte und mich fühlte, als sei der allerletzte Blutstropfen aus meinen Adern gewichen. »Herr, sie haben einen schrecklichen Fehler gemacht. Ich bin kein Hudson Taylor …« Dann fühlte ich einen weiteren Hammerschlag, als mich der Heilige Geist an mein Gebet erinnerte. Zurechtgewiesen und gedemütigt sank ich auf meine Knie und bat den Herrn um Vergebung für meinen Mangel an Glauben … und von diesem Augenblick an habe ich nie mehr daran gezweifelt, dass die OMF seine Wahl für mich war. Auch hat es mir niemals leidgetan, diesen größten Schritt meines Lebens als Christ getan zu haben – den Schritt aufs Missionsfeld. Diese ganze Anspannung, dieses allerhöchste Vorrecht und die tiefe Freude, im Zentrum des Willens Gottes zu sein, all das habe ich seither niemals missen wollen. Manchmal war ich versucht zu bedauern, dass ich so lange brauchte, um hinauszugehen, als ich zu Hause saß und ängstlich war! Aber die Wahrheit des Wortes »Sein Timing ist vollkommen« beruhigt mich dann wieder.

Hudson Taylor

Nicht nur versuchsweise!

Wir glauben, dass die Zeit gekommen ist, in der wir umfassender tun können, was der Herr uns aufgetragen hat, und durch seine Gnade wollen wir es auch tun. Wir wollen es nicht versuchen; denn für das Versuchen finden wir keine biblische Anweisung. »Versuchen« ist ein beständiges Wort im Mund der Ungläubigen. »Wir müssen tun, was wir können«, sagen sie; aber es wird auch viel zu oft von Gläubigen übernommen. Nach unserer Erfahrung hat »versuchen« gewöhnlich »versagen« bedeutet. Das Wort des Herrn im Zusammenhang mit seinen verschiedenen Befehlen lautet nicht: »Tu dein Bestes!«, sondern: »Tu es!« Das heißt: »Tu diese Sache, wie sie dir befohlen wurde.« Darum treffen wir Vorbereitungen, um das Werk in diesen neun Provinzen zu beginnen. Allerdings ohne Hast, denn »wer glaubt, wird nicht ängstlich eilen« (Jesaja 28,16); aber ebenso ohne unnötige Verzögerungen. Wir hoffen, bald unter den Bewohnern jeder dieser finsteren Regionen das Wort der Wahrheit, die Frohe Botschaft von Gottes Errettung, auszurufen.

Grundsatz 7:
Beziehe andere in deine Führungen ein!

Marianne Ritzmann aus der Schweiz kam 1970 zur OMF.

Im Annehmen liegt Frieden

Ich stehe am Fenster des Zuges und blicke in die Dunkelheit von Zentral-Thailand. Hier und da lodern Feuer, um den Reis dreschenden Bauern Licht zu spenden. Sonst ist alles pechschwarz. Dieser Anblick berührt mein Herz, denn es ist ein deutliches Bild von der geistlichen Lage in dieser Gegend. Hier und da sind ein paar Christen, oft weit zerstreut, und auch deren Licht leuchtet nicht immer sehr hell. Der Rest ist tiefe geistliche Finsternis!

Dies ist das Gebiet, in dem ich sechs Jahre lang gearbeitet habe. Darum fühle ich mich hier zu Hause. Ich liebe die Leute und sehne mich danach, dass sie den Herrn Jesus kennenlernen! Ich habe viele herzzerreißende Erfahrungen gemacht, wenn die Leute auf Druck von alten Tanten, Großmüttern und anderen Verwandten dem Herrn Jesus den Rücken zukehrten. Trotzdem würde ich gern aus diesem Zug springen und meine Arbeit hier fortsetzen. Es gibt nicht genügend Gemeindegründer. Wir brauchen eine Menge mehr davon! Und ich reise in den Norden, wo ich ein Schreibprojekt im Auftrag der OMF übernehmen soll!

Mein Herz fühlt sich zerrissen an. Tue ich wirklich das Richtige? Ist es nur vernünftig, oder ist es Gottes Wille? Ich stehe am Fenster, bis wir das von der OMF betreute Gebiet hinter uns gelassen haben, und gehe dann beunruhigt, traurig und verwirrt in meine Schlafkabine zurück. Da geht der Kampf weiter.

Wie bin ich in diese Situation geraten? Ich erinnere mich, dass alles eines Tages in meiner Heimat – der Schweiz – begann, wo ich mich aus Gesundheitsgründen mehr als zwei Jahre aufgehalten hatte. Monatelang schien es völlig unmöglich, nach Zentral-Thailand zurückkehren zu können. Aber meine Gesundheit besserte sich, und ich war bereit zurückzukehren. Dann klingelte das Telefon, und zu meiner Überraschung sprach ich mit meinem Heimatdirektor. »Vor zwei Tagen sprach ich mit einem der Mitarbeiter aus Nord-Thailand«, sagte er. »Er berichtete mir, dass sie eine Hausmutter für das Missionsheim in Chiang Mai benötigen, und da dachte ich an dich, weil du in dieser Richtung begabt bist. Ich habe viel darüber gebetet und wurde dazu geleitet, dich anzusprechen. Nord-Thailand wäre für deine Gesundheit viel besser als Zentral-Thailand. Ich muss das noch mit den Verantwortlichen auf dem Missionsfeld absprechen, aber ich wollte dich zunächst fragen und hören, was du darüber denkst.«

»Ich bin sehr überrascht«, sagte ich ihm. »Du weißt, dass mein Herz an der Gemeindegründungsarbeit hängt; aber ich will darüber beten und dir Bescheid geben.« Ziemlich beunruhigt ging ich in mein Zimmer zurück.

Einige Monate zuvor hatte ich dem Herrn gesagt, ich sei bereit, überall hinzugehen. Jetzt fragte ich: »Bist du es, Herr, der mich im Norden haben will?« Menschlich gesprochen machte es Sinn; aber war es wirklich Gottes Wille? Nach vielem Beten und Nachdenken bekam ich Frieden darüber und gab dem Heimatdirektor telefonisch meine Antwort durch. »Viel lieber hätte ich Gemeindearbeit gemacht; aber ich habe nicht die Freiheit, ›Nein‹ zu sagen. Darum finde ich es in Ordnung, diese Herausforderung anzunehmen, wenn es wirklich nötig ist.«

Einige Wochen später erhielt ich einen Brief, dem ich entnahm, dass die freie Stelle in dem Missionsheim bereits besetzt war. Aber es bestände großer Bedarf an anderer Stelle. Die thailändische Regierung forderte, dass die Literatur der dortigen

Stämme von lateinischen Buchstaben in die Thai-Schrift transkribiert werden sollte, und für diese Arbeit sei eine Schreibkraft unbedingt erforderlich. Der Gebietsdirektor schlug vor, dass ich die Bibel der Weißen Hmong tippen sollte.

Ich musste zweimal schlucken! Erstens konnte ich kaum in meiner Muttersprache richtig tippen, zweitens konnte ich gar kein Hmong! Wie sollte das denn überhaupt funktionieren? Wieder nahm ich die Angelegenheit ins Gebet. Ich fühlte mich für diese Arbeit überhaupt nicht fähig, und außerdem ist Schreibtischarbeit nicht »mein Ding«. Aber ich bekam Frieden darüber und fühlte mich genötigt, die Arbeit anzunehmen, indem ich auf den Herrn vertraute, er werde mir geben, was dazu nötig ist, wie er es in der Vergangenheit auch getan hatte. Wieder – wie schon so oft zuvor – erkannte ich, dass im Annehmen Frieden liegt.

Das war vor drei Monaten, und jetzt bin ich zurück in Thailand und reise mit dem Nachtzug von Bangkok durch Zentral-Thailand, wo ich so viele wertvolle Erfahrungen machen durfte, nach Chiang Mai, der größten Stadt Nord-Thailands.

Als ich am Morgen in Chiang Mai ankomme, ist der Kampf ausgestanden. Ich habe die Gewissheit, dass es der Herr ist, der mich hier haben will, und nicht nur die Regierung. Sein Friede durchflutet mein Herz. Er führt, und ich will seinen Willen tun, auch wenn ich ihn nicht verstehe.

Wochenlang habe ich großes Heimweh nach Zentral-Thailand; aber mit der Zeit beruhigt der Herr mein Herz. Langsam arbeite ich mich ein und lerne, Thai zu tippen, um dann Hmong in Thai-Schrift zu transkribieren. Das ist ein sehr langwieriger Prozess. Ich lerne, Hmong zu lesen, ohne es zu verstehen, aber genug, um kontrollieren zu können, was ich vom Tonband abgeschrieben habe. Dann lerne ich das Transkribieren von lateinischen in Thai-Buchstaben. Eine Sache, mit der ich nicht fertigwerde, ist der schmerzlich langsame Fortschritt. Das ist nicht leicht; aber der Herr sorgt für Freude und das Vermögen, das Ganze zu erledigen. Nie fühle ich mich gelangweilt, sondern eher jeden Tag aufs Neue herausgefordert.

Eine der Freuden nebenbei ist, dass ich in diesen Monaten vieles mitbekomme, was in der Arbeit unter den Stämmen passiert. An den Wochenenden kann ich einige der Stationen oder meine Kollegen im Missionsheim besuchen. Ich habe schon jahrelang für sie gebetet, und nun kann ich mehr über sie erfahren. Das gibt mir neuen Antrieb. Die Hmong müssen die Bibel haben, auch wenn ihnen die neuen Buchstaben missfallen!

Langsam, aber stetig wird ein Bibelbuch nach dem anderen getippt. Zwischendurch werde ich gebeten, die Hausmutter des Heims für ganze Tage oder während des Urlaubs zu vertreten. Durch kurze Besuche bei den Dorfbewohnern und durch ihre Gegenbesuche fange ich an, die Weißen Hmong zu lieben. Sie tauchen oft auf, wenn sie ins Krankenhaus gehen müssen, oder die Gemeindeleiter kommen, um mit meinem Kollegen Probleme durchzusprechen, der sonst meine Arbeit korrigiert und Fehler beseitigt. Ich fühle mich zu den hart arbeitenden Weißen Hmong hingezogen, die weit zerstreut in den Bergen von ganz Nord-Thailand wohnen.

Inzwischen bin ich beim Neuen Testament angekommen und fange an, mich zu fragen, was ich tun soll, wenn ich meine Schreiberei beendet habe. Von meiner Gesundheit her bin ich in der Lage, in Thailand zu bleiben, und mein Herzenswunsch ist, in die Gemeindegründungsarbeit zurückzukehren. Ich weiß, dass ich im Norden bleiben sollte; aber die OMF hat keine Arbeit unter den hiesigen Thai. Das würde bedeuten, dass ich eine weitere Sprache lernen müsste. Indem ich rings um mich her das Missionsfeld anschaue, bete ich um Leitung. Nach viel Gebet fühle ich mich gedrungen, zu den Hmong zu gehen, obwohl mir die Vernunft sagt, dass das für meine Gesundheit nicht gut wäre. Aber ich sage mir, dass der Herr – wenn er mich dort haben will – sich auch darum kümmern wird. Eines Tages übergebe ich nach einem Gottesdienst mein Leben aufs Neue dem Herrn. »Herr, ich bin bereit, überall hinzugehen und wirklich alles zu machen, wann auch immer – lass mich nur sicher wissen, um was es jeweils geht, und dass du es von mir verlangst.«

Daraufhin schreibe ich einen Brief an den Direktor, in dem ich ihn bitte, mich zu den Weißen Hmong zu schicken.

Auf das nächste Treffen der Feldleitung zu warten, fällt nicht leicht, zumal es nur alle drei Monate stattfindet. Aber es ist eine gute Geduldsübung. Ich glaube fest an gemeinsame Führung, darum blicke ich auf das voraus, was da entschieden wird. Gerade vor dem Treffen erinnert mich der Herr an mein Versprechen, überall hinzugehen! »Ist das deine ehrliche Haltung?«, fragt er mich. So rechne ich damit, dass er andere Aufgaben für mich haben wird.

Nach dem Treffen der Feldleitung kommt der Direktor und sagt mir, der ärztliche Bericht sei nicht gut genug ausgefallen, um mich zu den Hmong zu schicken. Er erklärt mir sehr einfühlsam, wie der Herr die Verantwortlichen dazu geführt habe, mich einstimmig zu bitten, die Hausmutter des Missionsheims in Chiang Mai zu werden. Dies sei die Heimatstation für alle missionarische Arbeit unter den Stämmen dieses Gebiets – der Ort, wo die Missionare sich aufhalten können, wenn sie in der Stadt Lebensmittel, Arznei und andere Waren kaufen. Hier stellen sie Literatur her und halten ihre Treffen ab, hier müssen sie in der Lage sein, sich über ihre Arbeit auszutauschen, und hier können sie Gemeinschaft pflegen und sich erholen.

Ich weiß sofort, dass dies Gottes Wille für mich ist, obwohl es mich zunächst wie ein starker Schock trifft. Tagelang komme ich mir wie verprügelt vor. Lange treibt mich die Frage um: ›Warum war ich mir mit den Hmong so sicher?‹ Seitdem ich an ihrer Bibel arbeite, kann ich mein Herz nicht von ihnen reißen.

Nach einem schönen freien Tag fahre ich hinüber nach Chiang Mai, um mit Furcht und Zittern meine neue Arbeit zu beginnen. Wie ist es nur möglich, meine Arbeit bei einer so internationalen Zusammensetzung gut zu machen? Welches Essen setze ich den Kanadiern, Neuseeländern, Briten, Thais, den Stammesangehörigen und all den anderen vor? Wie steht es mit den kulturellen Unterschieden? Währenddessen habe ich großes Heimweh nach Gemeindegründung und Evangelisation. Wie kann ich Erfüllung in meinem Dienst als Missionarin finden, wenn ich nur den ganzen Tag an Nahrung, Getränke, Einkaufen und Saubermachen denken muss?

Da ist es unsagbar hilfreich zu wissen, dass zu Hause Leute für mich beten. Doch noch nie haben Freunde so viele Briefe geschrieben, die alle sagen: »Das ist gerade der richtige Platz für dich!«

Ich erfahre unaufhörlich die Hilfe des Herrn. An vielen Abenden kann ich nur erstaunt zurückblicken – voller Lob dafür, dass der Herr mir die Kraft gegeben hat. Oftmals sehe ich mich genötigt, die Menüs im letzten Augenblick noch umzustellen, nur um festzustellen, dass wir einige Gäste mehr als erwartet haben, aber durch die Leitung des Herrn ist immer genug zu essen für alle da. Sehr oft kaufe ich auf inneres Drängen Lebensmittel ein und wundere mich hinterher darüber – aber nur, um festzustellen, dass es die Vorsorge des Herrn für eine Notlage war, mit der ich nicht gerechnet hatte.

Eines Tages erwarte ich ein leeres Haus, aber zur Mittagszeit sitzen elf Leute um den Tisch. Ich weiß nie, was das nächste Mal passiert, weil es nicht einmal für Notfälle ein Telefon gibt. Meine Kollegen haben keine Möglichkeit, mich rechtzeitig wissen zu lassen, dass sie kommen. Das macht das Leben interessant und hilft mir, nicht in Routine zu geraten! Nach den Eingewöhnungsschwierigkeiten der ersten Monate fange ich an, das alles zu genießen. Ich kann jetzt aus tiefstem Herzensgrund sagen: »Der Herr hat mich wunderbar geführt!«

Es ist erstaunlich, dass der Herr anscheinend falsche Informationen benutzte, mich nach Nord-Thailand zu bringen. Ich brauchte aber den Ruf in die Arbeit unter den Stämmen, um mit den vielen Besuchern aus den verschiedenen Stämmen umgehen zu können, die bei mir an der Tür stehen. Nicht nur Angehörige der Hmong, sondern auch der Lisu, Yao und Akha kommen und bleiben über Nacht – besonders wenn sie oder ihre Verwandten krank sind. Sie überbringen Botschaften von meinen Kollegen und nehmen Briefe und andere Dinge mit, wenn sie zu ihnen zurückkehren.

Ich bin sehr dankbar für alle Erfahrungen, die ich in meiner Gemeindegründungszeit gesammelt habe. Ich weiß, wie es sich anfühlt, wenn einige Leute dem Herrn den Rücken zukehren. Ich kann mit meinen Kollegen mitempfinden, wenn sie in der Stadt bleiben müssen, um Literatur zu produzieren, obwohl sie lieber predigen oder lehren würden. Aber irgendjemand muss ja Bibeln und Liederbücher herstellen!

Ich staune über die Leitung des Herrn während dieser vergangenen Jahre. Es ist jetzt völlig klar: *Er* hat alles geplant! Alle Freude und aller Schmerz sollten mich für diese Arbeit vorbereiten und mich befähigen, meine Kollegen besser zu verstehen. Es ist sehr viel leichter, für eine Situation zu beten, in der man sich selbst befunden hat, und andere zu ermutigen, die gerade darin sind.

Ich hätte nie darum gebeten, in diesen Dienst zu kommen; aber jetzt kann ich wirklich sagen, dass ich ihn genieße und mich in ihm ausgefüllt fühle. Der Herr ist so gut, er sorgt sogar für Einladungen, in Gemeinden zu sprechen, und genügend Möglichkeiten, anderen seelsorgerlich zu raten.

Seine Wege sind viel besser und höher als die unseren!

Kunimitsu Ogawa und seine Frau Hiroko aus Japan haben dem Herrn seit 1973 in Indonesien mit der OMF gedient.

Eine große Überraschung

Gottes Berufung kommt immer als große Überraschung. Oftmals widerspricht sie unseren Wünschen und Plänen und kann anfangs unserem menschlichen Denken unrealistisch erscheinen. Darum reagieren wir im ersten Augenblick negativ darauf. Und genau das geschah, als ich mich durch das neue Projekt für die Ausbildung asiatischer Missionare herausgefordert fühlte.

»Bist du darauf vorbereitet, das Ausbildungsprojekt für Missionare zu leiten, für das wir gebetet und Untersuchungen durchgeführt haben?«

Überrascht und unangenehm berührt sagte ich dem Direktor für Heimatdienste: »Nein, nicht mit mir! Sucht euch bitte jemand anderen, irgendeinen erfahrenen westlichen Missionar!«

»Ich wusste, dass du so reagieren würdest, aber wir fänden es gut, wenn du einmal ernsthaft darüber nachdenken würdest.«

Ich versuchte, einen Augenblick seinen Blicken auszuweichen; aber sie waren absichtlich auf mich gerichtet – so, als wollte er meinen Ärger beobachten und abwarten, bis er langsam erstarb. »Ich glaube nicht, dass ich die neue Gemeindearbeit in Yogyakarta aufgeben sollte, der wir uns für diese Arbeitsperiode verschrieben haben!«, antwortete ich ihm.

»Das habe ich schon mit dem Gebietsdirektor und Leiter in Indonesien besprochen. Wir von der OMF wollen, so viel wir können, der Gemeinde dort helfen.«

»Könnte man das Projekt vielleicht ein paar Jahre hinausschieben«, fragte ich, »bis wir etwas mehr Erfahrung gesammelt und weitere Untersuchungen angestellt haben? Gerade hat der Vorsitzende des japanischen Heimatrates bei mir angefragt, ob es mir nicht gefallen könnte, nach dieser Dienstzeit zum Studium in die Vereinigten Staaten zu reisen …«

»Nein, wir können das nicht hinausschieben«, antwortete Mr. Lane. »Wir sind zu dem Schluss gekommen, dass wir mit dem missionarischen Schulungszentrum zu Beginn des Jahres 1985 anfangen sollten, und wir hätten dich gern als Leiter. Dazu bitten wir dich, 1984 für mehrere Monate missionarische Ausbildungseinrichtungen in Indien und England zu besuchen und den Rest des Jahres für praktische Vorbereitungen in Singapur zu nutzen.«

»Tut mir leid«, sagte ich, »ich kann nicht ganz allein anfangen, über eine so wichtige Sache nachzudenken. Könntest du bitte Haga-sensei, den Vorsitzenden des japanischen Heimatrates, anrufen? Wenn er dem Gedanken zustimmt, will ich darüber nachdenken.«

Dieses Gespräch fand kurz vor dem Treffen des internationalen Missionsrates der OMF in Singapur im Jahr 1983 statt. Ich war eingeladen, an dem Treffen teilzunehmen, um einen Text über asiatische Missionare in der OMF vorzustellen und meine Meinung über die Diskussionen wegen des neuen Projekts vorzustellen. Mir war aber nie in den Sinn gekommen, dass man mich bitten würde, dieses Projekt zu leiten!

Als ich so in meinem Zimmer saß und die Antwort auf das Telefongespräch mit dem Verantwortlichen in Japan erwartete, merkte ich, dass mein innerer Kampf schon beinahe den Höhepunkt erreicht hatte. Ich erkannte allmählich, dass es vielleicht falsch wäre, das ernsthafte Nachdenken über diese Angelegenheit zu verdrängen. Ich sagte mir: ›Könnte es sein, dass die Einladung zum Treffen des internationalen Missionsrates und die Aufforderung, dieses Papier zu verfassen, eine Vorbereitung für diese neue Aufgabe war?‹ Dann klopfte es an die Tür. »Hagasensei findet das in Ordnung!«

Am selben Tag noch rief ich meine Frau Hiroko in Jakarta an. Wenn ich mich schon unpassend und unwürdig für diesen neuen Dienst hielt, meinte sie, dass dies für sie noch mehr gelte. Sie war sich nämlich noch deutlicher bewusst, dass ihr die nötige Qualifikation fehlte. Aber wir versprachen einander, mit einer positiven Einstellung für diese Herausforderung zu beten.

Es ist wahr, dass Gottes Berufungen ganz überraschend kommen. Aber es ist ebenso wahr, dass er unsere Herzen dafür vorbereitet. Wir fangen an, das zu verstehen, wenn wir bereit werden, diesen göttlichen Ruf im Glauben anzunehmen. Und vor allem benutzt Gott sein Wort, um die Berufung zu bestätigen. Als die neue Herausforderung kam, las ich immer wieder die ersten Kapitel der Apostelgeschichte, weil diese während des gesamten Treffens der Missionsrates betrachtet werden sollten.

»Und es ist in keinem anderen das Heil; denn es ist auch kein anderer Name unter dem Himmel, der unter den Menschen gegeben ist, in dem wir errettet werden müssen. Als sie aber die Freimütigkeit des Petrus und Johannes sahen und merkten, dass es ungelehrte und ungebildete Leute waren, verwunderten sie sich, und sie erkannten sie, dass sie mit Jesus gewesen waren. Und da sie den Menschen, der geheilt worden war, bei ihnen stehen sahen, hatten sie nichts dagegen zu sagen« (Apostelgeschichte 4,12-14).

Hier sah ich zwei ungebildete, gewöhnliche Männer, wie sie mutig Zeugnis für Jesus Christus ablegten! Ich wusste, dass Petrus ein ungebildeter Mann war; aber ich hatte nie im Ernst gemeint, dass Johannes genauso einer sei. Das Johannesevangelium und seine Briefe offenbaren ganz deutlich seine hohe Bildung und außerordentliche Persönlichkeit. Aber die Bibel sagt von beiden, dass sie ungelehrte und einfache Leute waren – und doch predigten sie ganz frei und überzeugt und ohne Menschenfurcht das Wort Gottes. Das passte doch nicht zusammen! Wie konnte das geschehen? Weil sie mit Jesus gewesen waren! Und dann befand sich dort der von Jesus geheilte Mann. Der stand neben ihnen.

›War ich nicht auch mit Jesus gewesen während der vielen Jahre in der Vergangenheit? Habe ich nicht auch vor so vielen Menschen Zeugnis abgelegt, die während unseres Dienstes von ihm körperlich, seelisch und geistlich geheilt wurden? Warum mache ich mir denn so viele Gedanken über meinen Mangel an formaler theologischer Bildung und an missionarischer Zurüstung?‹

Wenn ich über Qualifikationen und die Verantwortung nachdachte, die zur Leitung des Ausbildungsprojekts für Missionare gehörten, fühlte ich mich unzulänglich und unwürdig: Aber durch Gottes Wort verstand ich, dass ich mich irrte, wenn ich meinte, ich würde in Zukunft passender und würdiger werden, wenn ich mehr Erfahrung gewonnen oder mehr akademische Studien hinter mich gebracht hätte. Man kann in Gottes Werk niemals durch menschliche Qualifikationen passender und würdiger werden, sondern nur durch die Kraft der Gnade Gottes, wenn man sie im Glauben annimmt. So glaubte ich Gott und nahm die neue Verantwortung an.

Während ich diesen neuen Glaubensschritt machte, fiel mir ein, wie treu der Herr in verschiedenen Krisen meines Lebens bisher schon gewesen war. Vor mehr als 20 Jahren war ich ein atheistischer Physikstudent. Ich hielt es für äußerst unwissenschaftlich, unmöglich und unnötig, an die Existenz Gottes zu glauben. Und doch wurde ich durch die Offenbarungen der Bibel gepackt, während ich darum rang, den Sinn für mein Leben zu entdecken. Ich fand heraus, mit welch einfachen Worten die Bibel Sünde definiert: Wir sind Sünder, weil wir uns so weit von Gott entfernt haben. Dies öffnete mein Herz dafür, an den Erlöser zu glauben. Mehrere Jahre später widmete ich mich ganz der Forschung an einem Institut für Physik in Tokio, als das Wort Gottes die Richtung meines Lebens völlig umkrempelte. »Wenn jemand zu mir kommt und hasst nicht seinen Vater und seine Mutter und seine Frau und seine Kinder und seine Brüder und Schwestern, dazu aber auch sein eigenes Leben, so kann er nicht mein Jünger sein« (Lukas 14,26). Es schien unrealistisch und töricht zu sein, eine Erfolg versprechende Arbeit aufzugeben. Damit hätte ich gegen meine Familie gehandelt, die mich bis zum Studienabschluss finanziell unterstützt hatte, und ich hätte die Freundlichkeit meines Professors missachtet, wenn ich Gottes Ruf gefolgt und in den vollzeitlichen christlichen Dienst gegangen wäre. Aber er gab mir den mutigen Glauben, meinen Willen ihm zu unterwerfen und ihm zu dienen.

Einige Jahre später war ich zusammen mit zwei Kommilitonen in Jakarta, die zusammen mit mir das Jüngerschaftsschulungs-Zentrum in Singapur besucht hatten. Mein Herz war schwer, weil man mich im OMF-Heimatrat in Japan bat, über eine missionarische Arbeit in Übersee nachzudenken und diesbezüglich zu beten. Ich hatte körperliche und seelische Probleme, während ich mitten in den Tropen in einem interkulturellen Umfeld lebte und mich mit der fremden Sprache abmühte. Dazu kamen die Studienfächer im Jüngerschaftsschulungs-Zentrum. All das hatte in mir den Eindruck erweckt, dass missionarische Arbeit ganz und gar nichts für mich sei. Ich hatte das Empfinden, dass ich niemals in diesen Teil der Welt zurückkommen würde! Aber während ich so negativ und pessimistisch gestimmt war, traf das Wort des Herrn mich wieder: »Darum sage ich euch: Alles, um was ihr betet und bittet – glaubt, dass ihr es empfangt, und es wird euch werden« (Markus 11,24). Ohne Glauben ist der Vers sehr verwirrend; hat man ihn aber erst einmal im Glauben angenommen, offenbart er sich dermaßen inhaltsschwer und überzeugend, dass einem nichts übrig bleibt, als Gottes Willen anzunehmen. Auf diese Weise kam ich in den missionarischen Dienst.

Gottes Berufungen in verschiedenen Lebensphasen haben also aus meinem Leben eine gerade Linie gemacht, die meine Zukunft bestimmt. Bei jedem Schritt haben sich Gottes Gnade und seine Treue erwiesen. Und wenn wir entlang der Linie der göttlichen Berufungen gehen, schreiten wir von Kraft zu Kraft. Mit dieser Überzeugung bin ich in der Lage gewesen, allen Schwierigkeiten und Widerständen zu begegnen, die sich aufgetan haben, sobald man einen neuen Schritt getan hat.

»Was wird meine Gemeinde in Yogyakarta sagen, wenn ich ihr erzähle, dass ich sie bald verlassen muss? Wie wird sie reagieren?« Auf meiner Rückreise nach Indonesien war ich besorgt und hatte sogar Furcht, wenn ich mir ihre negative Reaktion vorstellte. So zögerte ich zurückzugehen! Und es gab auch noch einen weiteren Grund für mein Unbehagen! Man hatte mir nicht gestattet, selbst das neue Projekt meinem Mitarbeiter oder den Gemeindemitgliedern vorzustellen; unser Gebietsdirektor wollte persönlich kommen und darüber sprechen. Schließlich kam er. Vorsichtig und freundlich sprach er beim Mittagessen mit unserem japanischen Mitarbeiter und seiner Frau in unserem Haus über unseren Wegzug. Sobald dieser begriff, worum es ging, widersprach er heftig. »Wir wollen die Ogawas auf keinen Fall vor April 1984 ziehen lassen. Wir brauchen sie noch! Wir haben gerade unser neues Programm für das kommende Jahr aufgestellt. Wenn ihr das macht, werden wir euch das Vertrauen entziehen und die OMF-Arbeiter in Zukunft nie mehr unterstützen!« Später sagte er mir: »Du hast uns zu einem guten Essen eingeladen, uns aber schlechte Nachrichten serviert!«

Nun befanden wir uns in einer sehr schwierigen und angespannten Situation. Und wir konnten die Gefühle und Argumente unseres Mitarbeiters gut verstehen. Er war der theologische Leiter eines Seminars in Yogyakarta und außerdem der zweite Vorsitzende der Muria-Kirchensynode, die uns unterstützte. Weil wir einander aber schon seit mehr als zehn Jahren kannten, war er der beratende Pastor für die neue Gemeindearbeit in der Stadt geworden. Im Zuge der guten Zusammenarbeit und Partnerschaft zwischen ihm, dem Gemeinderat und mir hatten einige bedeutsame Entwicklungen begonnen: Ehepaare hatten sich der ursprünglichen Studentengemeinde angeschlossen, Javaner schlossen sich den Chinesen an, es kamen mehr Arbeiter, und sowohl die Gemeindeleitung als auch die Gesamtheit der christlichen Gemeinschaft wurden gestärkt. Man konnte also ahnen, dass unser Fortgang der Gemeinde einen harten Schlag versetzen würde.

Ich saß zwischen zwei Stühlen, und das nur, weil wir die von den OMF-Verantwortlichen gemeinsam gefällte Entscheidung akzeptiert hatten. Aber ich hatte aufs Neue zu lernen, dass Gottes Berufung uns sehr oft in solche Situationen bringt. Je mehr wir versuchen, einander etwas mit Worten zu erklären, umso mehr können wir verletzen. Alles, was wir tun können, ist, im Gebet auf den Herrn zu warten.

Der Gebietsdirektor rief im internationalen Hauptquartier in Singapur an. Mit den dortigen Verantwortlichen kam er überein, dass unser Umzug bis zum April 1984 verschoben werden sollte. Aber die Spannung zwischen meinem Mitarbeiter und mir bestand weiterhin. Ich meine, es war zwei Wochen, nachdem die Spannungen aufgebrochen waren, dass ich ihn in seinem Haus besuchte und er zu mir sagte: »Pak[9] Ogawa, ist es der OMF möglich, jemand anderen nach Yogyakarta zu schicken, wenn auch nur für einige Monate? Wenn das möglich wäre, könntest du mit den Vorbereitungen für deinen neuen Dienst beginnen, wie es ursprünglich vorgesehen war.« Welch ein Wandel in seinem Verhalten! Anfangs konnte ich es gar nicht glauben! Doch es stimmte. Der Herr muss mit ihm gesprochen haben! Wir priesen den Herrn und riefen sofort den Gebietsdirektor in Jakarta an. Mehrere Tage später erhielten wir den Bescheid, dass ein anderes Ehepaar nach Yogyakarta ziehen und uns im neuen Jahr ersetzen würde.

Der Herr segnete unseren gemeinsamen Dienst sichtbar während der letzten drei Monate; denn im Dezember 1983 wur-

---

9 A. d. H.: »Pak« ist einer der Vornamen dieses Missionars, der in der Überschrift zu diesem Zeugnis nicht erscheint.

den 18 Leute getauft, und 100 besuchten den Gottesdienst im Studentenwohnheim, wogegen es ein Jahr zuvor ungefähr 60 gewesen waren. Wir wurden sowohl von der Gemeinde als auch von der Synode feierlich verabschiedet. Bei beiden Gelegenheiten waren unsere Herzen so bewegt, dass wir unsere Tränen nicht zurückhalten konnten. Unser Mitarbeiter bat jetzt die OMF, zwei weitere Ehepaare zu schicken, eins für den theologischen Unterricht, das andere für landwirtschaftliche Arbeiten. So wurde die Schwierigkeit an einem Ende behoben. Aber am anderen Ende tauchten andere große Schwierigkeiten auf. Die Entscheidung, Indonesien zu verlassen, wurde den Angehörigen des Heimatrates in Japan durch den Direktor für Heimatdienste mitgeteilt. Aber sie beharrten trotzdem darauf, dass ich nach Japan zurückkehrte, um dem Heimatrat und den Leitern meiner eigenen Denomination alles zu erklären. So fuhr ich, nachdem ich Indonesien verlassen hatte, für zehn Tage nach Japan zurück. Die Reise war sehr beschwerlich, weil in Japan ein eisiger Winter herrschte, und ich musste mehr als 30 Pastoren in Tokio, Nagoya und Osaka besuchen und mit ihnen sprechen. Darum war ich froh, eine gute und wohlwollende Atmosphäre vorzufinden, und einige Pastoren nahmen auch ganz ernsthaft dieses Projekt als eine neue Herausforderung für die Gemeinden in Japan an.

Hat man erst einmal einen Schritt im Glauben getan, kann man vorangehen, wenn sich auch Schwierigkeiten und Hindernisse auf dem Weg befinden werden. Wir geben davon Zeugnis, dass unser Herr bis hierher gewiss mit uns gewesen ist. Wenn wir heute Singapur verlassen, um nach Indien zu gehen, sind wir uns vieler anderer Schwierigkeiten bewusst, die noch nicht gelöst sind: Visa von der Regierung in Singapur, Räumlichkeiten für das Schulungszentrum, Fertigstellung eines Lehrplans, Auswahl der Kandidaten … Aber wir vertrauen dem Herrn, dass er alle Hindernisse aus dem Weg räumen und uns helfen wird, seinen Plan für das missionarische Schulungsprogramm auszuführen.

Aus der Biografie von **Dixon Edward Hoste**, des zweiten Generaldirektors der China-Inland-Mission

Ein hohes Privileg

Jetzt wurde D. E. Hoste zum zweiten Mal geprüft, ob sein Verlangen, nach China zu gehen, echt sei. Zunächst schien die Weigerung seines Vaters, ihm die Beendigung seiner militärischen Laufbahn zu erlauben, das einzige Hindernis zu sein, das er überwinden musste. Als der durch sein geduldiges Warten erwiesene Glaube, dass Gott für ihn arbeiten werde, belohnt war, schien keine weitere Bestätigung mehr nötig zu sein, dass es wirklich Gottes Wille für ihn war voranzuschreiten.

Hudson Taylors scheinbare Unsicherheit, ob Gott den jungen Mann wirklich berufen hatte, bedeutete allerdings, dass dieser die ganze Angelegenheit noch einmal durchdenken musste. Als er das tat, wurde er tief beeindruckt von dem Privileg, zum Missionar berufen zu sein. Von allen Berufungen konnte wahrlich keine größer sein als diejenige, die Gute Nachricht von der Errettung aus der Sünde und ihrer schrecklichen Strafe denen zu verkündigen, die noch niemals von Jesus Christus gehört hatten! Es scheint, als hätten ihn weder Angst vor den damit verbundenen Opfern noch die Befürchtung verunsichert, er könne wegen eigener Unzulänglichkeit seinen Auftrag nicht erfüllen. Für jemanden, der liebt, sind Opfer eine Freude, und wenn Gott ruft, wird er dann nicht auch die Kraft dazu geben? D. E. Hoste machte sich weder um das eine noch um das andere ernsthafte Sorgen. Er fürchtete sich allerdings vor Vermessenheit. Um seine eigenen Worte zu gebrauchen: »Ich empfand immer deutlicher die Notwendigkeit zu äußerster Sorgfalt und Vorsicht, damit ich mir nicht herausnehme, in ein so privilegiertes Leben einzutreten, wie es das eines Missionars im chinesischen Binnenland ist, ohne wirklich vom Herrn berufen und ernannt zu sein.«

In seiner Unsicherheit diskutierte er die Angelegenheit mit verschiedenen christlichen Freunden. Es muss ihm beträchtliche innere Konflikte bereitet haben, immer wieder die Meinung zu hören, er solle beim Militär bleiben! Die dafür gelieferten Begründungen erschienen ihm allerdings nie schlüssig zu sein, und wie viele andere in ähnlicher Lage war auch er gezwungen, immer wieder zu Gott umzukehren, der ihm allein die Sicherheit geben konnte, die er suchte.

Grundsatz 8:
Lerne, verantwortlich über dein Verständnis von Führung zu reden!

Isabel Bowman aus Großbritannien ging 1961 zum ersten Mal mit der OMF nach Japan.

Für eine bestimmte Zeit

Es war der 24. März 1961. Ziemlich aufgeregt kletterten Lotte Mattmuller und ich aus unserer Schlafkoje, bevor wir uns auf den Weg zum Deck der M. V. *Tegelberg* machten. Während der Nacht waren wir unbemerkt in japanische Gewässer gekommen. Morgendlicher Frühnebel schwebte noch über dem Hafen von Kobe mit seinen Hunderten von riesigen Fabrikschornsteinen, die ihren Rauch in die verunreinigte Atmosphäre bliesen. Irgendwo in der Ferne schlug die Glocke einer Uhr. Als wir uns umdrehten und zum Himmel aufblickten, erhaschten wir einen unvergesslichen Anblick – die Sonne, die ihre Reise im Osten begann, schien wie eine riesige rote Laterne von den Nebelbänken herabzuhängen. Wir waren im »Land der aufgehenden Sonne« angekommen.

An meinen Gedanken zogen die letzten neun Jahre vorüber, die zu diesem besonderen Tag geführt hatten. Da war die »zufällige« Entdeckung der Gemeinde in Oakwood im Norden von London, wo Jesus Christus für mich lebendige Realität und mein persönlicher Heiland wurde. Dann, ein Jahr später, als ich einen Jugend-Missionsabend vorbereiten sollte und etwas über Hudson Taylor wissen wollte, sagte jemand: »Warum gehst du nicht und fragst Mr. Fred Mitchell und seine Frau?« Als ich vor ihrer Tür stand, wusste ich nicht, wer die Mitchells waren, und noch weniger, was es mit Hudson Taylor auf sich hatte. Mir wurde aber freundlicherweise eine Biografie ausgeliehen. Einige Zeit später entdeckte ich, dass ich im Haus des Heimatdirektors der China-Inland-Mission gewesen war! An jenem Abend wurde ein Same des Interesses gesät, und das Leben von Hudson Taylor machte einen tiefen Eindruck auf mich. ›Wie kann ich mehr über die CIM erfahren?‹, fragte ich mich, doch war ich viel zu schüchtern, als dass ich gewagt hätte, noch einmal zu den Mitchells zu gehen. Gott aber wusste, was dagegen zu machen war. Zwei Monate später blies der Wind »zufällig« abends einen Flyer aus einem Ständer in der Vorhalle unserer Kirche. Dieser Flyer handelte »zufällig« von der CIM-Gebetsvereinigung und von der Zeitschrift *East Asia's Millions* und führte zu vielen Besuchen im britischen Hauptquartier, das damals in Nordlondon lag.

Als ich den Hafen von Kobe überblickte, eilten meine Gedanken zu dem Tag, als Gott »seine Bombe zündete«. Obwohl ich jetzt regelmäßig für die CIM betete und begann, Interesse an Japan zu bekommen, hatte ich nie wirklich daran gedacht, *selbst* eine Missionarin zu werden. Meine Ausbildung und meine beruflichen Erfolge bewegten sich nicht auf so erhabenen Höhen!

Dann, eines Sonntagnachmittags, war ich in einer kleinen Kapelle auf der Isle of Wight, und es war mir, als ob die bekannten Worte von John Greenleaf Whittier in Riesenlettern aus dem Liederbuch heraustraten:

Lass, ihnen gleich, uns Dir vertraun,
die Deinen Gnadenruf gehört,
und einfach, Herr, zu Dir aufschaun
und gehn, wohin Dein Weg uns führt.

Die kleine Gemeinde sang weiter; aber in meinem Kopf war ein solches Durcheinander, dass ich nicht weitersingen konnte. »Dir vertraun« war eine Lektion, die ich noch lernen musste. Eine

Periode des Fragens und des Verhandelns mit Gott begann, bis ich 2. Korinther 8,11-12 las:»Nun aber vollbringt auch das Tun, damit, wie die Bereitschaft zum Wollen, so auch das Vollbringen da sei nach dem, was ihr habt. Denn wenn die Bereitschaft vorhanden ist, so ist jemand angenehm nach dem, was er hat, und nicht nach dem, was er nicht hat.« Dazu war nichts weiter zu sagen.

Die aufgehende Sonne setzte ihren gemächlichen Aufstieg in die Dunstglocke von Kobe fort, und ich überdachte Gottes bedächtige und doch sehr sichere Lenkung meines Lebensweges. Zu diesem Weg gehörten zunächst das berufliche Vorankommen und dann der Wechsel zu einem anderen Postamt, wo ich die Verantwortung für eine kleine, aber betriebsame Filiale übernahm. Gottes Berufung für Abraham war die Erinnerung daran, nicht stehen zu bleiben:»Geh aus deinem Land und aus deiner Verwandtschaft und aus dem Haus deines Vaters *in das Land, das ich dir zeigen werde*« (1. Mose 12,1). Dieses Zeigen fing für mich mit einem Brief an, der so begann:»Wenn du nach Japan gehen könntest, um das Evangelium vielen weiterzusagen, die noch nie davon gehört haben, wie der Herr Jesus für sie starb – würdest du dann gehen?« Von da an wurde Japan dieses Land für mich.

Heulende Sirenen und geschäftiges Treiben lenkten unsere Aufmerksamkeit auf die Tatsache, dass der Hafenlotse an Bord gekommen war, um uns weiter in den Hafen zu steuern. Wir mussten die richtigen Bedingungen und den richtigen Zeitpunkt abwarten, bevor er uns führen konnte, und das erinnerte mich daran, wie das Jahr 1956 mir den richtigen Zeitpunkt gebracht hatte, mich auf das Missionsseminar vorzubereiten. Der himmlische Lotse gebot uns voranzugehen; aber Widerstände stellten sich ebenfalls ein. An einem bestimmten Wochenende, als ich vorhatte, dem Seminar meinen Eintrittswunsch mitzuteilen, hatte mein Bruder einen kleineren Autounfall, und ich fiel so unglücklich vom Fahrrad, dass es mir manchen schmerzhaften Ärger mit meinem Rücken einbrachte. Familiärer Druck brachte mich vor dem Herrn zum Weinen; doch er gab mir mit Psalm 37,5 neue Sicherheit: »Befiehl dem HERRN deinen Weg und vertraue auf ihn, und *er wird handeln*.« Wir waren angekommen. Der Lotse hatte uns sicher an den rechten Ort gebracht, und bald wurde uns gestattet, an Land zu gehen. Ich wandte mich um und las in *Daily Light*: »Und siehe, ich bin mit dir, und ich will dich behüten überall, wohin du gehst, und dich zurückbringen in dieses Land« (1. Mose 28,15). Damals begriff ich nur sehr wenig, wie bedeutsam diese Worte in den darauffolgenden Jahren werden sollten. In der Zwischenzeit waren wir mit den Worten »Siehe, ich bin mit dir …« zufrieden und machten unsere ersten Schritte im »Land der aufgehenden Sonne«.

Das Jahr 1965, so gegen Ende meiner ersten Arbeitsperiode, begann mit finsteren Wolken, die am Horizont aufzogen. Briefe von zu Hause wiesen auf Kummer wegen Mutters Gesundheit hin, besonders wegen ihres Augenlichts. Mein Heimkommen wurde sehnlichst erwartet! Häufig stiegen Fragen in meinem Herzen auf. Was würde der Urlaub bringen? Vielleicht muss ich zu Hause bleiben und für beide Eltern sorgen? Wie werde ich damit fertigwerden, zum ersten Mal jemanden sterben zu sehen? Kurz bevor ich mit dem Packen begann, wies mich Gott wieder auf 1. Mose 28,15 hin: »Siehe, ich bin mit dir, und ich will dich behüten …« Das war eine ausreichende Antwort auf diese Befürchtungen. »… und [ich will] dich zurückbringen in dieses Land«, das war sein Wort für einen späteren Tag.

Wieder begann eine Reise. Als das Linienschiff Yokohama eines Januarnachmittags verließ, erlaubte mir Gott einen wunderbaren Ausblick auf den Fudschijama, der sich majestätisch in den wolkenlosen Himmel erhob. Gott schien mir zu sagen: »Ich werde dich wieder zurückbringen …« Allmählich wechselten die Szenen, und wir fuhren in die Dämmerung und dann in die Dunkelheit. Das war der Anfang einer weiteren Reise in einige düstere Erfahrungen; aber damals verbarg Gott freundlicherweise diese Zukunft vor meinen Augen.

»Es tut mir leid«, sagte der Augenarzt meiner Mutter zu mir. »Wir können für ihr Augenlicht nichts mehr tun. Wir haben ihr Gehirn nach Tumoren abgesucht, können aber nichts feststellen. Es mag noch sechs Monate oder vielleicht ein Jahr dauern, dass sie an Altersschwäche stirbt.« Sechs Monate gingen vorüber, ein Jahr … die Schmerzen durch eine entzündete Hirnarterie erschütterten Mutter und brachten den seelischen Schock völliger Erblindung. Obwohl sie nie so richtig mit ihren Beschwerden fertigwurde, hielt ihr starker Wille sie aufrecht, und es dauerte noch weitere zehn Jahre, bevor die Voraussage des Spezialisten in Erfüllung zu gehen begann. Der Urlaub dehnte sich zu einem »Heimataufenthalt von unbestimmter Dauer« aus, wobei die Ansichten im Blick darauf, ob ich zu Hause bleiben musste, verschieden beurteilt wurden. Schließlich kam jener herzzerreißende Moment, in dem ich meine Kündigung bei der OMF einreichte. Es galt, sich auf ein anderes Leben einzustellen. Die Zukunftsaussichten erschienen dunkel und trübe. Was war aus der Verheißung in 1. Mose 28,15 geworden? ›Du hast dich eben getäuscht‹, war die niederschmetternde Anklage. In dieser Zeit stieß ich wieder auf die Textkarte, die George Scott, der damalige Heimatdirektor, jedem von uns, den neuen Mitarbeitern, gegeben hatte, als wir in die Gemeinschaft der OMF-Missionare aufgenommen worden waren. Da standen Worte aus Psalm 139,10-12: »… auch dort würde deine Hand mich leiten und deine Rechte mich fassen. […] Auch Finsternis würde vor dir nicht verfinstern, und die Nacht würde leuchten wie der Tag.« Wenn *seine* Hände mich leiten und halten, muss alles gut werden!

Einige Jahre waren vergangen, und wir hatten uns an ein anderes Leben gewöhnt. Obwohl mein Vater schon Rentner war, arbeitete er doch die meisten Nachmittage als Buchhalter, und ich arbeitete jeden Morgen in einer Postfiliale. In Japan arbeitende Missionare kamen auf Heimaturlaub und reisten wieder aus. Bei einer Gelegenheit fragte mich Doug Abrahams: »Wie alt ist deine Mutter, Isabel?«

»Sie ist 81 Jahre alt«, antwortete ich.

»Oh, sie könnte es noch auf weitere zehn Jahre bringen!«, witzelte er.

›Weitere zehn Jahre?‹, dachte ich. ›Wenn das stimmte, dann kann ich mich von dem Gedanken an eine Rückkehr zum Missionsdienst verabschieden.‹

Nicht lange danach besuchte ich eine Sommermissionskonferenz. Eine ganze Reihe von Missionaren, die verschiedenen Gesellschaften angehörten, waren da, und man betete für sie in den Gottesdiensten. Als ich ging, um meinen Platz in der Versammlung einzunehmen, flüsterte einer der Konferenzverantwortlichen mir ins Ohr: »Isabel, ich meine, du solltest vorn bei den anderen Missionaren sitzen, und wir werden auch für dich beten.« Und als man mir die Hände auflegte, wurde ich »ausgesandt«, und Gott sprach zu mir durch ein besonderes prophetisches Wort, das zu dem Wort aus Psalm 139 passte, wo vom Sitzen in der Dunkelheit die Rede ist. Er sprach aber auch vom Kommen an einen Ort des Lichts, wo die Felder reif zur Ernte sind. Es würden auch Einsamkeit und ein Schwert in meinem Herzen sein; aber danach sprach er auch durch ein Wort, in dem davon die Rede ist, dass das Volk mit guten Dingen gespeist werden würde. Mit den Worten Habakuks (2,3) bestätigte Gott das in meinem Herzen: »Das Gesicht geht noch auf die bestimmte Zeit, und es strebt zum Ende hin und lügt nicht. Wenn es sich verzögert, so harre darauf; denn kommen wird es, es wird nicht ausbleiben.«

Noch auf eine bestimmte Zeit: Im nächsten Jahr wurde mein Vater heimgerufen, dazu kamen finanzielle Sorgen und Veränderungen in der Persönlichkeit meiner Mutter. Ihre frühere gute Laune wurde von lautem Schreien, von Tätlichkeiten und Beschimpfungen abgelöst. Hinzu kam die Not mit der Inkontinenz. Tag und Nacht war ich »im Dienst«, und selbst die Gemeindeschwester, die mir helfen sollte, wurde nicht immer mit ihr fertig. Aufgrund der anstrengenden Pflege stellten sich bei mir Rückenschmerzen ein. Dieser Zustand hielt drei Jahre an und wurde immer schlimmer. Ich fühlte mich völlig ausgelaugt. Eines Tages weinte ich am Frühstückstisch: »Herr, bitte, tu bald etwas!« Einige Augenblicke danach las ich Psalm 81,7: »Ich befreite seine Schulter von der Last, seine Hände entkamen dem Tragkorb.«

Drei Monate später besuchte mich eines Tages eine Krankenschwester. Sie sah mich an und sagte: »Isabel, ich glaube, du hast genug getan. Es ist für deine Mutter Zeit, dass man im Altersheim für sie sorgt.« Wie Gott versprochen hatte, wurden »meine Schultern von der Last befreit«, und andere Hände führten die schwere Aufgabe fort, bis 15 Monate später die Schwäche und die Leiden meiner Mutter im Alter von 91 Jahren zu einem friedlichen Ende führten.

Im folgenden Jahr – es war 1980 – rief die OMF zu einem Jahr des Gebets für einen Durchbruch in Japan auf. Damals arbeitete ich in einer kleinen Bank, während ich mich von den Folgen der Langzeitbelastung und Ermüdung erholte. Bei der OMF-Osterkonferenz und bei anderen Treffen hielt ich meine Ohren offen; aber es schien, als würde Gott mich nicht zurückrufen. ›Vielleicht könnte ich mit der Sprache und den Anstrengungen des Missionarslebens nicht fertigwerden‹, dachte ich.

Im weiteren Verlauf dieses Jahres schien sich der Weg für einen Ferienbesuch in Hongkong im nächsten Frühjahr zu öffnen. Zur gleichen Zeit legte Gott seine Vorstellungen in die Herzen einiger seiner Kinder. Eines Abends sagte mein Pastor zu mir: »Isabel, du solltest einmal ernsthaft darüber nachdenken, ob Gott dich wieder in Japan haben will. Willst du nicht einmal an die OMF schreiben und diese Möglichkeit erkunden?« Drei Tage später sprach ich mit einem Diakon. Er sagte: »Du bist in den letzten Monaten viel in meinem Herzen; denn auch ich frage mich, ob Gott dich nicht zurücksenden will.« Daraufhin schrieb ich einen Brief, und das Ganze nahm seinen Lauf.

Ich muss bekennen, dass ich alte Narben spürte, nachdem ich den Brief eingeworfen hatte, und Gott, der das wusste, sprach noch am selben Tag, dem 11. November, durch *Daily Light* zu mir: »Er führte sie *sicher*.«[10] Er überwand meine Befürchtungen durch die Sicherheit gemeinschaftlicher Führung, durch die Ermutigungen meines Pastors und der Heimatgemeinde sowie durch die Weisheit, die er den OMF-Verantwortlichen gegeben hatte. Der Besuch in Hongkong und Japan fand im Frühjahr 1981 statt, und ich empfand zutiefst, dass ich darüber Frieden hatte und auf dem richtigen Weg war. Nach einigen Studienkursen und hastigem Einpacken, denn das Haus wurde bereits verkauft, war es Zeit für die nächste Reise. *Die bestimmte Zeit war gekommen.*

Am 12. Februar 1982 landete mein Flugzeug auf dem Chitose Airport, ganz in der Nähe von Sapporo, auf der nördlichen Hauptinsel Hokkaido. Für diese Reise gab es keine speziellen »Zeichen«. Ich brauchte keine: Nach 17 Jahren Abwesenheit erfüllte sich Gottes Verheißung: *Ich will dich wieder in dieses Land bringen.*

---

10 A.d.H.: Vgl. Psalm 78,53.

Nick Watkins verließ England im Jahr 1980, um auf den Philippinen zu arbeiten.

Aus Finnland mit Liebe

Im ganzen Haus herrschte eine gespannte Atmosphäre. Das College-Jahr näherte sich dem Ende, und die Studenten würden bald abreisen und sich in ihre verschiedenen Heimatorte zerstreuen. Einige würden zu ihren Familien in ganz andere Regionen der Welt zurückkehren. Bei aller Aufgeregtheit spürte man aber auch ein wenig Traurigkeit, weil manche Studenten sich nie wiedersehen würden.

Mein Herz allerdings war mehr oder weniger von einer Studentin vereinnahmt, die in ihre Heimat Finnland zurückreiste. Ich kannte sie erst seit neun Monaten, und doch war unsere Beziehung in dieser Zeit ein ganzes Stück gewachsen. Besonders im letzten Semester waren wir uns sehr nahegekommen, und jetzt, wo sich das Semesterende schnell näherte, fingen wir gerade erst an, das zu begreifen!

Ich wusste: Wenn ich meine Empfindungen Raili gegenüber offenbaren wollte, musste ich mich beeilen. Doch war ich mir nicht sicher, ob es richtig wäre, das zu tun. Raili war bei den Wycliff-Bibelübersetzern angenommen worden, und ich hatte vor, dem Herrn mit der OMF in Ostasien zu dienen. Wenn ich sie ansprach, konnte ich sie davon abbringen, dem Herrn zu dienen, und sie dazu verführen, dem Willen Gottes ungehorsam zu werden. Wenn ich aber nichts sagte, meinte ich, sie unfair zu behandeln, und sie würde heimfahren, voller Zweifel über meine wahren Gefühle und Absichten ihr gegenüber.

Obwohl ich mir nicht denken konnte, wie Gott uns beide zusammen berufen könnte, hatte ich diese Möglichkeit nicht vollkommen verworfen. Als ich eines Abends betete, hatte ich ein ungewöhnliches Erlebnis. Es war mir, als brächte Gott Railis Namen in meinen Sinn, weil er mich an sie erinnerte, obwohl ich wegen einer ganz anderen Sache betete. Mir war, als ob Gott zu mir sagte:»Raili ist dir eine gute Freundin, und zwar mehr als eine Freundin. Sie wäre eine gute Frau für dich.« Damals war ich nicht bereit, diesem Erlebnis zu trauen; denn ich wusste, dass solche subjektive Leitung sehr irreführend sein kann. Einige gute Freunde von mir hatten sogar Nichtchristen geheiratet, nachdem sie beim Beten gewisse Eingebungen erhalten hatten. Solche Führung, für sich allein genommen, reicht nicht aus.

Meine Beziehung zu Raili war gewiss nicht so, wie ich mir eine Romanze vorgestellt hatte. Weil ich in einer »Fernseh-Kultur« aufgewachsen war, hatte ich viele Filme gesehen. Irgendwie erwartete ich von meiner Liebesgeschichte eine richtige Filmromanze! Ich meinte, mich auf dramatische Weise in eine zweite Miss England verlieben zu müssen! Als ich Raili zum ersten Mal traf, registrierte ich in meinem Kopf nur ein entschiedenes »kein Interesse«. Sie trug einen weißen, bis oben zugeknöpften Regenmantel und eine Brille mit Kunststoff-Fassung, die so richtig hässlich aussah. Ihr Erscheinungsbild und meine Vorstellung von einer angemessenen Partnerin passten überhaupt nicht zusammen! Auch Raili war von mir nicht sonderlich beeindruckt. Sie erinnert sich noch heute an die langweilige altmodische Jacke, die ich treu und brav jeden Tag anzog. Wenn sie keine Miss England war, so war ich auch kein Mister Universum!

Zum Ausbildungsprogramm des All Nations Christian College gehört, dass sich jeder Student in eine der nahe gelegenen Gemeinden einbringt. Raili und ich wurden demselben Gemeinde-Team zugeteilt. An jedem Sonntag fuhren wir zusammen in die Gemeinde. Ich half bei den Jugendgottesdiensten und predigte manchmal, während Raili Sonntagsschullehrerin war. Bei der späteren Überlegung, ob Gott uns füreinander bestimmt hatte, sollte es sich als hilfreich erweisen, dass ich gesehen hatte, wie ernst Raili den Dienst für Gott nahm. Ich hatte somit überhaupt keine Zweifel daran, dass sie ihren Weg mit Gott ging.

Am Ende des ersten Semesters kannte ich Raili immer noch nicht sehr gut. Tatsächlich war das erste Semester bei »All Nations«, was das Schließen von Freundschaften anging, ein Desaster. Während der Weihnachtsferien sprach Gott mit mir über mein reserviertes Verhalten, und ich entschloss mich zu größeren Anstrengungen, meine Mitstudenten kennenzulernen. Da war es nicht verwunderlich, dass unter den Ersten, die von meiner Umkehr profitierten, die Mitglieder meines Gemeinde-Teams (einschließlich Raili) waren. Gegen Ende des zweiten Semesters waren Raili und ich gute Freunde.

Es war während der Osterferien, dass die Beziehung zu einer Liebesgeschichte aufzublühen begann, wenn auch »Liebesgeschichte« vielleicht das falsche Wort ist, weil wir beide damals nicht als Verliebte wahrgenommen werden wollten. Uns ist nie bewusst geworden, wann wir die Trennungslinie zwischen Freundschaft und Liebe überschritten hatten! Doch war es während der Osterferien, dass wir anfingen, uns zu schreiben. Wenn ich zurückblicke, begannen wir uns eigentlich nur aufgrund eines Missverständnisses zu schreiben – vielleicht eines kulturellen Missverständnisses zwischen einem Engländer und einer Finnin!

Raili zeigte keinerlei Verwunderung, als ich während des dritten Semesters ein häufiger Besucher in ihrem Zimmer wurde. Vielleicht hat sie sich trotzdem gewundert, warum ich so großes Interesse an den mit ihr geführten Diskussionen über College-Aufgaben hatte, und dass ich immer die Zeiten aussuchte, in denen ihre Mitbewohnerin praktischerweise nicht anwesend war. Die College-Themen waren nicht nur eine Ausrede, weil ich wirklich wissen wollte, wie sie über theologische Schlüsselthemen dachte. Wir pflegten auf jeden Fall eine ungewöhnliche Liebesbeziehung, weil sie heranwuchs, ohne dass unsere Mitstudenten etwas davon merkten. Sie blieb auch bis zum Schluss ein Geheimnis, was nicht überrascht, weil sie sogar uns selbst beinahe nicht bewusst war!

Gegen Semesterende begriff ich, dass es an mir lag zu entscheiden, ob ich unsere Romanze öffentlich machte und mit Raili sprach, oder ob ich schweigen sollte. In dem Augenblick, den ich ausgesucht hatte, meine Gefühle ihr gegenüber zu offenbaren, merkte ich, dass Raili wusste, weshalb ich gekommen war; aber sie wartete darauf, dass ich die Sache zur Sprache brachte.

»Raili, ich habe das Gefühl, dass ich dir sagen sollte, dass ich dich sehr mag; aber für unsere Beziehung gibt es keine Zukunft.« Einen Augenblick schwiegen wir beide. »Und was meinst du nun dazu?«, fragte ich.

»Ich glaube, die Dinge sehen nicht so schwarz oder weiß aus, wie du sie zu erkennen meinst«, sagte sie leise, jedoch offensichtlich mit innerer Erregung in ihrer Stimme.

Am Ende entschieden wir, weitere Schritte zu gehen, um einander besser kennenzulernen, während wir gleichzeitig ganz ernsthaft versuchen wollten, den Willen Gottes für unser Leben zu erkennen. Was Raili gesagt hatte, stimmte: Die Dinge waren nicht so klar, wie ich gemeint hatte. Wir mochten unterschiedlichen Missionsgesellschaften verpflichtet sein, aber wir waren beide demselben Herrn und dem Anliegen verpflichtet, ihm in einem fremden Land zu dienen.

Am Ende des Semesters fuhr Raili wieder nach Finnland, und ich kehrte nach Bristol zurück. Wir schrieben einander und fuhren fort, zum Herrn zu rufen. Für mich war es eine sehr schwierige Situation. Ich fühlte mich ohne eine sichere Führung und den Launen meiner Gefühle ausgeliefert. Natürlich wusste ich, dass die Bibel eine Heirat zwischen einem Christen und einem Nichtchristen verbot; aber sie sagt nichts darüber, ob man ein Mädchen heiraten darf, das einer anderen Missionsgesellschaft angehört.

Doch Gott sprach deutlich in meine Not hinein. Und das geschah, während ich zusammen mit einigen Freunden aus meiner Gemeinde mit dem Wohnwagen in den Urlaub nach Schottland fuhr. Manchmal ging ich allein spazieren; dabei fand ich immer wieder eine einsame Stelle, wo ich mit dem Herrn reden und sein Wort lesen konnte. Danach saß ich einmal da und beobachtete einen Sonnenuntergang. Fern im Meer sah ich eine Insel, hinter der die Sonne unterging. Während die Sonne versank, begann ein rötlicher Streifen, auf den gekräuselten Wellen das Meer zu überqueren und auf mich zuzukommen. Als ich dieses wundervolle Bild beobachtete, kam ein überwältigendes Empfinden von Gottes Wundermacht über mich. Ich spürte ein wenig von der Pracht und Größe Gottes. Glaubte ich an denselben souveränen Gott, der den Aufgang und den Niedergang der Sonne lenkte? Ganz sicher, ich konnte darauf vertrauen, dass er mich führen würde! Er, der das Universum in seinen Händen hält und den Lauf der Sterne lenkt, dem mangelt es weder an der Fähigkeit noch an dem Willen, seine Kinder zu führen. Damals setzte ich mein Vertrauen auf Gott, dass er mich nicht in die Irre laufen lassen, sondern mich korrigieren würde, falls ich einen falschen Weg einschlug.

Während ich mit meinen Gefühlen zu kämpfen hatte, ging es Raili mit den ihren genauso. Sie war verwirrt. Bevor ich auf der Bildfläche erschien, war ihre Zukunft ziemlich klar und geradlinig gewesen. Warum hatte Gott sie dahin geleitet, sich den Wycliff-Bibelübersetzern anzuschließen, wenn es sein Wille für sie war, mich zu heiraten? Gott macht niemals Fehler; aber hatte sie einen gemacht? Sie hatte Gottes deutliche Führung erkannt, als sie sich bei Wycliff anmeldete; darüber gab es bei ihr überhaupt keinen Zweifel. Nun aber waren es gerade die Verantwortlichen dieser Missionsgesellschaft, die ihr das All Nations Christian College für eine weitere einjährige Ausbildung empfohlen hatten. Konnte es sein, dass nach Gottes geheimnisvollem Willen dies die Route war, auf der sie den von ihm auserwählten Mann finden sollte?

Eigentlich hätte uns Gottes Führung schon während des letzten Semesters klarer sein müssen; denn als es zu Ende ging, geschah etwas, was Raili und mir hätte helfen können, in dieser Sache Gottes Hand am Werk zu sehen. Die Studenten trafen sich zum Gebet und zum gegenseitigen Austausch, und einer las Jeremia 29,11: »Denn ich weiß ja die Gedanken, die ich über euch denke, spricht der HERR, Gedanken des Friedens und nicht zum Unglück, um euch Ausgang und Hoffnung zu gewähren.« Raili war verwirrt; aber Gott war es nicht. Er kannte die Pläne, die er für sie hatte. Jeremias Worte wurden später für sie ein Hoffnungsstern, der durch die folgenden Tage der Trennung hindurchleuchtete, in denen sie in so großer Verlegenheit war.

Auch Raili begann schließlich zu erkennen, dass die wirkliche Frage, die sie zu beantworten hatte, die war, ob Gott sie leitete, mich zu heiraten. Wenn ja, dann berief er sie auch dazu, mir zu folgen. Und als sie erst einmal sicher war, dass Gott sie zur Heirat berief, war es kein Problem mehr, ihrem Ehemann zu folgen und sich der OMF anzuschließen.

Als wir beide Gottes Willen für die Zukunft suchten – ich in England und sie in Finnland –, wurde es für uns beide klar, dass Gott uns zusammengeführt hatte, sodass wir ihm als Mann und Frau dienen konnten. Wir waren beide überrascht, dass Gott so gut zu uns war. In seiner Liebe hatte er alles geplant. Wie anders hätten wir uns begegnen und einander kennenlernen können? Gott hatte alle uns trennenden geografischen und linguistischen Hindernisse beseitigt; er wusste sogar, wie ich meine Schüchternheit immer mehr überwinden konnte!

Sowohl Raili als auch ich waren dahin gekommen, dass wir bereit waren, dem Herrn als Unverheiratete zu dienen. Raili wusste, dass ihre Chancen, einen Mann zu finden, sehr gering waren, wenn sie im Auftrag der Wycliff-Bibelübersetzer arbeiten würde. Wer hätte Interesse daran, sie zu heiraten, außer einem Wycliff-Kollegen? Und bei Wycliff gibt es nur wenige Junggesellen, was auch für die meisten anderen Missionsgesellschaften gilt. Was mich betrifft, so hatte ich schon immer ein starkes Verlangen zu heiraten, seit ich die Universität verlassen hatte. Erst bei »All Nations« wurde mir klar, dass ich auch glücklich werden könnte, falls ich dem Herrn als Junggeselle dienen sollte. Die klarsichtige Unterweisung an diesem College half mir zu erkennen, dass man als Verheirateter durchaus nicht auf Rosen gebettet sein muss. Sowohl Verheiratete als auch Singles haben Probleme, nur sind sie unterschiedlicher Natur. Psalm 84,12 wurde mir sehr kostbar: »Denn der HERR, Gott, ist Sonne und Schild; Gnade und Herrlichkeit wird der HERR geben, kein Gutes vorenthalten denen, die in Lauterkeit wandeln.«

Wenn der Herr meinte, es sei gut für mich zu heiraten, würde er mir auch eine Frau geben; wenn nicht, würde er mir Freude daran schenken, ihm als Junggeselle zu dienen. Aber in seiner Güte wählte er für mich den Weg, verheiratet zu sein.

Grundsatz 9:
Achte auf relevante Zeugnisse anderer!

Diane Davies aus Kanada hat sowohl in Thailand als auch in Malaysia gearbeitet.

Gold, im Feuer erprobt

Im Frühjahr 1969 kam ich von Kanada nach Singapur, um Auslandsmissionarin zu werden. Weil ich mehrere Jahre Ausbildung hinter mir hatte, meinte ich, vorbereitet zu sein, irgendwo in Südostasien »die Heiden zu bekehren«.

Bei den Gesprächen mit den Direktoren in unserem internationalen Hauptquartier fragte man mich, ob ich bereit sei, in der Chefoo School in Malaysia Missionarskinder zu unterrichten. Ich war über diese Zumutung entsetzt; denn ich hielt Missionarskinder nicht für besonders bedeutungsvoll, und wenn ich westliche Kinder erziehen wollte, hätte ich in Kanada bleiben können. Die Vorstellung, an einer Internatsschule zu arbeiten, erfüllte mich mit Schrecken. Wie konnte Gott von Eltern verlangen, ihre Kinder Hunderte von Kilometern von zu Hause fortzuschicken, und das für 18 Monate am Stück! Das fand ich grausam und unmenschlich. Immerhin war ich für eine »richtige« Missionsarbeit gekommen, nicht als »Babysitter« für Missionarskinder. Darum sagte ich den Direktoren, dass ich ganz und gar nicht bereit sei, nach Chefoo zu gehen.

So wurde ich nach Thailand geschickt, weil man mich dort in der Studentenarbeit einsetzen wollte. Aber Gott hatte seine eigenen Pläne für mich, während er mir dort, in Thailand, geduldig viele wertvolle Lektionen beibrachte.

Zunächst musste ich lernen, von woher ich meine Sicherheit bezog. Ich glaubte wirklich, dass ich hinsichtlich aller Dinge auf Gott vertraute, doch musste ich sehr schnell lernen, dass ich mich bezüglich meiner Sicherheit auf meine Familie, meine Gemeinde, meine Sprache und meine Kultur und deren Sitten verließ. Als dies alles weggenommen wurde, verflüchtigte sich mein Sicherheitsgefühl, und zum ersten Mal in meinem Leben musste ich mich – was meine Sicherheit anging – auf Gott, und auf ihn allein, verlassen.

Auch musste ich lernen, dass die Probleme und Trübsale von einem liebenden Vater kommen, der dabei war, mich seinem Sohn Jesus Christus ähnlicher zu machen. Als ich in Thailand ankam, erwischte mich das Dengue-Fieber, weil mich ein niederträchtiger Moskito gebissen hatte; dazu kam eine Amöbenruhr, weil jemand mir ein Glas mit verseuchtem Wasser gegeben hatte, als ich vor Hitze fast verdurstet war. In meinem ersten Jahr habe ich viel im Bett zugebracht, wobei ich versuchte, sowohl mit meiner schwachen Gesundheit als auch mit der Sprachschule und der neuen Kultur fertigzuwerden.

Nach vielen, auf diese Weise verbrachten Monaten war ich bereit, den Kampf aufzugeben, und ich schrieb am 19. Juni meine Kündigung, die ich an die Verantwortlichen der OMF schicken wollte. Den Brief ließ ich auf meinem Schreibtisch liegen, um ihn am nächsten Morgen in den Briefkasten zu werfen.

Seit vielen Jahren habe ich die Angewohnheit, *Daily Light* zu lesen, bevor ich schlafen gehe. Als ich die Abendlese für den 19. Juni zu lesen begann, sprach Gott ganz deutlich zu mir.

Gold, im Feuer erprobt

»Es ist niemand, der Haus oder Brüder oder Schwestern oder Mutter oder Vater oder Kinder oder Äcker verlassen hat um meinet- und um des Evangeliums willen, der nicht hundertfach empfängt, jetzt in dieser Zeit Häuser und Brüder und Schwestern und Mütter und Kinder und Äcker unter Verfolgungen, und in dem kommenden Zeitalter ewiges Leben« (Markus 10,29-30).

»Geliebte, lasst euch durch das Feuer der Verfolgung unter euch, das euch zur Prüfung geschieht, nicht befremden, als begegne euch etwas Fremdes« (1. Petrus 4,12).

»... die ihr jetzt eine kurze Zeit, wenn es nötig ist, betrübt seid durch mancherlei Versuchungen; damit die Bewährung eures Glaubens, viel kostbarer als die des Goldes, das vergeht, aber durch Feuer erprobt wird, befunden werde zu Lob und Herrlichkeit und Ehre in der Offenbarung Jesu Christi« (1. Petrus 1,6-7).

»Der Gott aller Gnade aber, der euch berufen hat zu seiner ewigen Herrlichkeit in Christus Jesus, nachdem ihr eine kurze Zeit gelitten habt, er selbst wird euch vollkommen machen, befestigen, kräftigen, gründen« (1. Petrus 5,10).

»In der Welt habt ihr Bedrängnis; aber seid guten Mutes, *ich habe die Welt überwunden*« (Johannes 16,33).

Tränenüberströmt kroch ich unter meinem Moskitonetz hervor, zerriss meinen Brief mit der Kündigung und warf ihn weg. In den darauffolgenden Wochen fühlte ich mich körperlich kein bisschen besser; aber ich wusste, dass Gott mit mir war, und alles würde sich zu meinem Besten wenden.

Als Nächstes musste ich mit meinen Kollegen umzugehen lernen. Ich meinte, es fiele mir überhaupt nicht schwer, mit ihnen zusammenzuleben; doch dabei hatte ich meine Freunde sorgfältig ausgesucht. Wenn mir jemand nicht gefiel, ließ ich ihn einfach links liegen. Aber man kann niemandem immer ausweichen, mit dem man im selben Haus wohnt! Als ich ins Bergland zog, betete ich: »Herr, ich bin bereit, mit jedem zusammenzuleben, außer mit Sue.« In seiner Weisheit wurden wir beide, Sue und ich, abgeordnet, in der Stadt Paknam Pho[11] zu woh-

---

11 A.d.H.: Offiziell heißt die Stadt heute Nakhon Sawan. Sie liegt nördlich von Bangkok und ist Hauptstadt der gleichnamigen Provinz.

nen. Bei dem Versuch, diese Beziehung auszuleben, schenkte mir Gott großen Respekt und viel Liebe zu Sue, und wir wurden gute Freunde. Seitdem ich zur OMF gehöre, habe ich 19 verschiedene Mitbewohnerinnen gehabt. Obwohl manche dieser Beziehungen nicht einfach waren, danke ich Gott von Herzen für eine jede und für das, was ich aus ihnen gelernt habe.

Schließlich hatte ich Gehorsam zu lernen. Sechs Monate vor meinem ersten Urlaub kam unser Direktor für Thailand zu Besuch. Wir wunderten uns alle, warum er gekommen war, bis er sagte: »Diane, kann ich mit dir sprechen?« Dann sagte er, dass in der Schule in Chefoo ganz dringend eine Hausmutter gesucht würde. Wäre ich bereit, dieser Notlage abzuhelfen? Diesmal sagte ich nach vielen Gebeten zu, und innerhalb einer Woche war ich in den Cameron Highlands.

Man hatte mir gesagt, ich würde auf zehn kleinere Mädchen aufpassen müssen, doch als ich dort war, entdeckte ich zu meinem Schrecken, dass ich für 17 kleinere Jungen verantwortlich sein sollte.

Aber schon am Anfang waren alle meine Vorbehalte gegen Internatsschulen wie weggeblasen. Die Kinder waren vergnügt, und wir bildeten eine von Liebe geprägte, fürsorgliche, innige Gemeinschaft. Zu meiner Überraschung besserte sich meine Gesundheit auf drastische Weise. Nach mehreren Wochen der Eingewöhnung begann ich, nicht nur diesen Ort von Herzen zu genießen und zu lieben, sondern auch die Mitarbeiter und »meine Jungs«.

Während die ausgefüllten Tage nur so dahinflogen, hatte ich das Gefühl, Gott wolle mich vielleicht im Anschluss an den Urlaub nach Chefoo zurückbringen; aber ich wollte unbedingt sicher sein, dass dies sein Wille war. So fragte ich den Herrn eines Morgens, als die Jungen in der Schule waren und ich meine Stille Zeit hielt, ob er mich wieder in Chefoo haben wolle. Darum möchte er mir doch John, unseren Direktor, heute noch wegen dieser Sache über den Weg schicken. Nachdem ich die Stille Zeit beendet hatte, ging ich hinaus, um einige Blumen für mein Zimmer zu pflücken. Der erste Mensch, der mir begegnete, war John, der mich mit den Worten begrüßte: »Diane, ich habe dich schon gesucht. Hast du Zeit, ein kurzes Schwätzchen mit mir zu halten?« Als wir uns in seinem Büro hingesetzt hatten, blickte er mich an und sagte: »Diane, ich habe nichts Besonderes mit dir zu besprechen; aber in meiner Stillen Zeit hat Gott mir heute Morgen gesagt, du hättest mir etwas mitzuteilen. Stimmt das?« Ich konnte mich kaum beherrschen, als mir klar wurde, dass John seine Stille Zeit um sieben Uhr hält, und ich hatte meine nicht vor neun Uhr. Wie wunderbar arbeitet Gott doch!

So teilte ich ihm denn freudig mit, dass ich gern nach Chefoo zurückkehren würde, sobald der Urlaub vorüber sei – natürlich vorausgesetzt, dass dann noch ein Platz hier für mich frei wäre. Er versicherte mir bereitwillig, dass ich in Chefoo immer herzlich willkommen sei und entweder als Hausmutter weitermachen oder künftig als Lehrerin arbeiten könnte. Als der Urlaub näher kam, entschied ich mich, den Rat meiner Eltern und der Heimatgemeinde abzuwarten, bevor ich eine endgültige Entscheidung fällte.

Zu Hause angekommen, waren alle von dem Plan begeistert, die Arbeitsstelle an der Schule in Chefoo zu wechseln, und so wurde ich nach meiner Rückkehr Grundschullehrerin. Das war immer, was ich am liebsten werden wollte, und gerade als ich offiziell in die Lehrerschaft aufgenommen wurde, sollte in dieser Gegend eine neue Grundschulklasse eröffnet werden.

Meine Jahre an der Schule in Chefoo wurden zu den glücklichsten und erfülltesten meines ganzen Lebens. Gott hat in unserem Tal durch seinen Heiligen Geist wunderbar gewirkt, indem er sowohl unseren Kindern als auch der Lehrerschaft Freude und Liebe brachte und uns spüren ließ, dass er immer da ist. Mit einem dankerfüllten Herzen kann ich jetzt sagen: »Danke, Herr, dass du mich nach Chefoo gebracht hast!«

Maria Herren aus der Schweiz kam 1964 zur OMF.

Herzensbegehren

Ist Gott an Liebesgeschichten interessiert? Kommen in der OMF Liebesgeschichten vor? Wann greift Gottes Führung ein? Hier folgt eine Geschichte, die zeigt, dass Gott *durchaus* an Liebesgeschichten interessiert ist, dass er sehr wohl führt und dass er jene ehrt, die diesen wichtigen Bereich des Lebens seinen sicheren und vertrauenswürdigen Händen überlassen.

In einem wunderschönen Ort im Herzen Europas wuchs ich als jüngstes von sieben Kindern frommer Eltern in einer von Liebe geprägten Atmosphäre auf. An einem herrlichen Samstag im Herbst des Jahres 1963 hatten sich die Farben der Laubbäume rings um unser Bauernhaus schon in ein goldenes Gelb verfärbt, und die Fenster waren von voll erblühten Geranien umwachsen. Drinnen und auch draußen rings ums Haus konnte man ungewöhnliche Aktivität feststellen – es wurde geputzt und gebacken, gekocht und alles für den Sonntag schön hergerichtet. Da sollten viele Freunde und Verwandte wegen eines besonderen Abschieds zu uns kommen. Einer meiner Brüder sollte nämlich in einem Aussendungs-Gottesdienst von der Gemeinde verabschiedet werden, bevor er wenige Tagen später als neuer OMF-Missionar nach Singapur ausreisen würde.

Aber warum war ich überhaupt bei der ganzen Sache so aufgeregt? Immerhin stand ich nicht im Zentrum des Interesses – ich musste noch sechs Monate vorüberziehen lassen, bis ich an die Reihe kam. Aber mein Bruder würde nicht der einzige Missionskandidat sein, der in der Kirche sprechen und seinen Abschied mit uns feiern sollte. Ein weiterer junger Mann würde bei ihm sein, der ihn auch auf der langen Reise nach Singapur begleiten sollte. Die beiden hatten schon mehrere Wochen lang ringsumher die Gemeinden besucht, ihre Zeugnisse weitergegeben und überall Auf Wiedersehen gesagt. In den letzten Tagen hatte mein Bruder absichtlich in meiner Gegenwart Bemerkungen über seinen Freund gemacht, um meine Reaktionen beobachten zu können – aber er bekam keine.

Während ich bei den Vorbereitungen mithalf, gingen meine Erinnerungen zu meiner Bibelschulzeit in London zurück. Damals stand ich nachts gelegentlich auf und stellte mich vor das Fenster, um in den Sternenhimmel zu schauen, der über dieser riesigen Stadt stand, in der jemand wohnte, den ich vor einigen Jahren lediglich einmal kurz gesehen hatte. Wie gern hätte ich ihn noch einmal wiedergesehen! Und wie leicht wäre es für mich möglich gewesen, am OMF-Gebetstreffen in London teilzunehmen, zu dem ich gewöhnlich ging, als mein Bruder am OMF-Kandidatenkurs teilnahm. Doch ich wollte nicht hingehen, damit dieser junge Mann nicht denken sollte, dass ich ein Auge auf ihn geworfen hätte. Aber jetzt würde ich nicht vermeiden können, ihn zu sehen, und ich freute mich ungeheuer darauf! Mir war kaum bewusst, dass dies ein Treffen werden sollte, das von höherer Hand gelenkt war.

An den Gottesdienst am nächsten Tag kann ich mich kaum noch erinnern, sehr wohl aber an die großartige Gemeinschaft, die wir rund um den Mittagstisch bei uns zu Hause hatten. Und da saß dieser prächtige junge Bursche neben meinem Bruder! Es fiel mir ziemlich schwer, nicht zu oft zu ihm hinüberzublicken; aber obwohl ich mich mit aller Kraft darum bemühte, trafen sich unsere Augen doch einige Male. Versuchten wir dann, die Gedanken des jeweils anderen zu erraten?

An jenem Abend hörte ich die Bemerkung einer 80-jährigen Tante, die zu einem der Tischgäste sagte: »Hast du die Augen des jungen Mannes beobachtet? Ich wäre nicht überrascht, wenn es ihm um jemanden aus dieser Familie geht.«

Ich danke Gott nicht nur für die schöne Feier, sondern auch für die Zeit danach, in der wir alles wieder aufräumten; denn dabei bekamen wir das erste Mal Gelegenheit, miteinander zu reden. Am Montagmorgen gab es sogar eine Zeit, in der wir bei dieser Arbeit allein waren. Da ärgerten wir uns gar nicht so sehr über den vielen Abwasch, sondern lauschten mit höchstem Interesse auf das, was der jeweils andere berichtete und wie uns der Herr in die Bibelschule und danach zur OMF geführt hatte. Die Zeit war zu kurz – jedoch lang genug, um eine stille Gewissheit in unseren Herzen wachsen zu lassen, dass sich sein Leben und das meine eines Tages noch einmal berühren würden.

Sechs Monate später gehörte ich zu einer Gruppe von 24 neuen Mitarbeitern, die nach Singapur unterwegs waren. Je näher wir unserem Ziel kamen, umso höher stiegen unsere Erwartungen. Wie lange würde es dauern, bis wir wussten, in welches Land jeder von uns gehen würde? Konnten wir dem Herrn vertrauen, dass er das alles in der Hand hatte? In jenen Tagen sprach man nicht über Einsatzländer und -orte, bevor der neue Missionar in Singapur angekommen war und jeder mit den Direktoren geredet hatte. Falls jemand den Eindruck hatte, für irgendein Land oder einen speziellen Dienst bestimmt zu sein, so wurde das zwar in Erwägung gezogen; aber im Ganzen blieb es den Direktoren überlassen, die Entscheidungen darüber zu treffen.

Könnt ihr euch vorstellen, was wir in den ersten Tagen in Singapur durchmachten? Da gab es genauso viele Hoffnungen und Träume wie Mitglieder in unserer Gruppe. Jeder fühlte die wachsende Spannung, während der Augenblick immer näher rückte, an dem unsere Bestimmungsorte verkündet werden sollten.

Hunderte von Kilometern entfernt gab es jemanden, der ebenfalls voller Spannung war. Mehr als einmal war ihm in den allerletzten Wochen ein Gedanke gekommen: Es war doch eigentlich nichts daran auszusetzen, wenn er die Direktoren in Singapur wissen ließ, er sei ziemlich interessiert daran, dass eine junge Frau aus der Gruppe der Neuankömmlinge dorthin zu ihm kommen möge. Oder sollte er sogar noch einen Schritt weitergehen und einen Brief an das Mädchen schreiben, das er liebte, um die Dinge auf diese Weise voranzutreiben? Aber nein, schon vor langer Zeit hatte er die ganze Angelegenheit dem Herrn übergeben. Er wollte einzig von ihm erwarten, dass er tun werde, was für ihn doch nur eine Kleinigkeit war, nämlich die Direktoren bei ihren Entscheidungen so zu leiten, dass sie die eine, die er liebte, in dasselbe Land und zu den denselben Leuten schickte.

Am Abend, bevor uns unsere Bestimmung mitgeteilt werden sollte, fiel ich still vor meinem Bett auf die Knie. Mein Herz befand sich im Aufruhr. »Herr«, sagte ich, »habe ich richtig gehandelt, als ich den Direktoren sagte, ich sei, was meine Zukunft betrifft, völlig offen … und dass sie mich schicken könnten, wohin immer sie es für richtig hielten, wo ich doch in Wirklichkeit tief in meinem Herzen so sehr wünsche, nur in ein bestimmtes Land geschickt zu werden?«

Ich war im Herzen bei dem einen, den ich immer geliebt hatte, seit ich ihn zum ersten Mal bei uns zu Hause traf. »Herr, darf ich dir vertrauen, dass du in dieser allerwichtigsten Angelegenheit meines Einsatzlandes die Leitung übernimmst?« An diesem Abend führte mich meine Bibellese zu Psalm 20. Als ich zu Vers 5 kam, war es mir, als ob der Herr selbst zu mir sprach: »Er gebe dir nach deinem Herzen, und alle deine Pläne erfülle er!« Während ich diese Verheißung des Herrn immer wieder las, wurden meine Lasten leichter und wichen einer überwältigenden Gewissheit, dass der Herr mich in das Land meiner Herzenssehnsucht bringen werde.

Ich wusste nichts davon, dass während der Zeit, da ich betete und rang und schließlich zu völliger Gewissheit gelangte, die Direktoren eine Extrasitzung einberufen hatten, um noch einmal wegen meines Einsatzlandes zu beraten und zu beten, weil sie keinen wirklichen inneren Frieden meinetwegen hatten.

Am nächsten Morgen waren alle sehr aufgewühlt, als einer nach dem anderen aus den Büros der Direktoren kam, wo man ihnen gesagt hatte, wohin sie gehen sollten. Da gab es Tränen der Freude, wenn sich Freunde, die beieinander bleiben konnten, in den Armen lagen, und auch Tränen der Trauer bei solchen, die jetzt wussten, dass sie sich trennen mussten. Kaum ein Auge blieb trocken.

Was mich und meine Zukunft anging, schien alles an der besonderen Versammlung gehangen zu haben, die von den Direktoren am Abend zuvor einberufen worden war. Da wurden sie nämlich geleitet, den Bestimmungsort, den sie für mich vorgesehen hatten, zugunsten des Landes zu ändern, für das ich gebetet hatte. Meine Herzenssehnsucht ging in Erfüllung!

Von da an wusste ich, dass der, den ich liebte, am anderen Ende auf mich wartete. Und so war es auch!

Gay Pye und ihr Mann Terry kommen aus England und sind seit 1977 mit der OMF in Korea.

»Meinen *Kindern könnte ich das niemals antun!*«

»Wie wäre dir zumute, wenn du deine Kinder mit sechs Jahren nach Japan[12] zur Schule schicken müsstest?«, fragte John Wallis, der Heimatdirektor der OMF, auf seine ruhige Art. Natürlich wussten wir von anderen, die das getan haben; aber wie uns selbst dabei zumute wäre … nun, wie würdest du diese Frage beantworten, wenn das älteste der besagten Kinder kaum ein Jahr alt ist? »Und was wären die Alternativen?«, erinnere ich mich, dass jemand fragte. John zählte einige andere Verfahrens-

---

12 A. d. H.: Parallel zu der in Malaysia bestehenden, in diesem Buch bereits mehrfach erwähnten OMF-Schule für Missionarskinder gab es zu diesem Zeitpunkt auch eine ähnliche Einrichtung in Japan.

weisen auf, doch dann sagte er klipp und klar:»Die Schule in Chefoo ist die Regel.«»Gut«, antworteten wir,»*falls* wir nach Korea gehen, werden wir uns mit dem Problem befassen, sobald wir in die Lage kommen.« Immerhin, hat nicht der Herr selbst gesagt, wir sollten uns um das Morgen keine Sorgen machen?

Wir kamen in diese Lage. Aus unseren zwei, damals noch ganz kleinen Kindern wurden bald drei, und aus den Monaten wurden Jahre. Und über Nacht – wie es uns schien – wurde die so ruhig gestellte Frage relevant. Der Termin für unseren ersten Urlaub lag so, dass unsere älteste Tochter Elizabeth gerade sieben Monate, bevor wir heimfahren durften, sechs Jahre alt wurde.

Elizabeth war es bewusst, dass sie vielleicht nach Chefoo kommen sollte; denn die Kinder unserer Kollegen waren bereits dort, und das Muster des Kommens und Gehens war ihr geläufig. Uns war klar, dass sie, wenn wir noch in England wären, jetzt in der zweiten Klasse wäre. Ich versuchte, mit starker Unterstützung meines Mannes Terry, ihr die Grundbegriffe des Lesens, Schreibens und Rechnens beizubringen. Das machte viel Mühe, und wenn das wirklich eine der möglichen Alternativen zu Chefoo war, dann hatte sie sowohl meine Tochter als auch mich sehr schnell desillusioniert.

Die Sache war nämlich die: Obwohl wir mit Elizabeth über ihren Umzug nach Chefoo gesprochen hatten, war es bei uns allen beschlossene Sache, dass sie erst nach dem Urlaub gehen sollte. Hinzu kam, dass wir uns anstrengten, einen koreanischen Kindergarten zu finden, zugegebenermaßen mit sehr geringem Erfolg. Kurz vor dem oben erwähnten sechsten Geburtstag teilte uns Peter Pattisson, unser Vorgesetzter in der OMF-Arbeit in Korea, mit, aus seiner Sicht und nach Meinung seiner Frau Audrey sei Elizabeth in der Lage, schon vor dem Urlaub zum ersten Unterrichtsblock nach Chefoo zu gehen.

Wir waren auf dem Absprung zu einer dreiwöchigen Erholung am Strand und willigten deshalb ein, darüber nachzudenken und zu beten. Das taten wir und besprachen das

Thema auch mit Elizabeth selbst. Doch sie bestand eisern darauf, erst nach dem Urlaub gehen zu müssen. So kehrten wir mit einem negativen Bescheid vom Strand zurück.

Unsere Elizabeth und der kleine Peter Deane waren immer gute Freunde, doch dann war Peter nach Chefoo gegangen. Wie es oft so geht, übertrug Elizabeth ihre Zuneigung auf Matthew, den kaum ein Jahr jüngeren Bruder von Peter. Nun hieß es, in diesem Sommer werde Matthew ein wenig früher als üblich ebenfalls nach Chefoo gehen. Eines Nachmittags im August sprach ich mit Elizabeth darüber.

»Mama, ich möchte gern mit Matthew zur Schule gehen.« Und den Rest des Abends drehte sich alles um das Thema Schule. Sie brachte mich dazu, dass ich mir schon vorstellte, wie ich sie zum Flughafen brachte und ich mich fragte, woher ich Etiketten nehmen sollte, die ich an die Kleidung nähen wollte, und wie wir es dem Kindergarten mitteilen sollten, dass sie nicht wiederkommen würde. Terry kam spät heim und wurde mit den Worten »Papa, ich gehe mit Matthew zur Schule« begrüßt. Und in ihrem überschäumenden Enthusiasmus plapperte sie in einem fort.

Als Terry merkte, dass sie tatsächlich gern gehen wollte, überschattete eine Woche lang eine düstere Stimmung unser Heim. Es ist eine Sache zu sagen, dass man der Angelegenheit ins Auge sehen werde, wenn sie eintritt, jedoch eine ganz andere, so zu handeln, wenn sie dann kommt. Dann wird der tatsächliche Widerwille in unseren Herzen offenbar. So verging eine Woche mit Elizabeths Geplapper, meinen Gebeten und Terrys inneren Kämpfen. Und ich erlebte das Wunder, indem ich sah, wie der Friede des Herrn die Herrschaft gewann und wie Terry sich mit der kommenden Trennung abfinden konnte. Es war, als ob der Herr uns sagte: »Ich gab euch die Chance, meinen Willen zu tun; aber ihr habt versagt, so umging ich euch und gab eurem Kind ein Herz, das zu gehen bereit ist.«

Ich werde Elizabeths ersten Schultag nie vergessen. Ist das

nicht ein Tag, an den jede Mutter sich erinnert? Eine Freundin von mir, von deren Küchenfenster aus man den Schulhof überblicken konnte, berichtete uns von ihrer Erleichterung, als sie während der Pause am ersten Tag ihre Fünfjährige vergnügt mit den anderen spielen sah. Und wie viele Mütter gingen von der Schule heim, oft nur zwei Straßen weiter, mit Herzen wie Blei und einem Kloß in der Kehle! Wir teilten diese Gefühle, weil sich nichts als ein gähnendes Loch zwischen dem ersten Schultag und den nächsten Ferien ausdehnte. Unsere kleine Tochter tröstete mich, wobei sie ihre 60 Zentimeter große Stoffpuppe drückte: »Ist doch alles in Ordnung, Mama, Jesus ist bei uns!« Und die letzten Worte, bevor die Einreiseformalitäten erledigt wurden, waren: »Ich hab dich lieb, Mama!« Dabei lächelte sie vergnügt. Und dann schrieb sie einige Zeit später: »Dass ich hier in Japan zur Schule gehe, ist das, was ich tun kann, damit ihr Missionare sein könnt.«

Diese besondere Führung betreffs des Schulbesuchs war sehr wichtig, als wir auf Urlaub gingen. Mit allerbestem Willen finden es so manche Christen hart anzunehmen, dass die Trennung so kleiner Kinder von ihren Eltern Gottes Wille sein könnte. Die meisten von uns haben immer einmal wieder zu hören bekommen: »*Meinen* Kindern könnte ich das niemals antun!« Damit wollen sie offensichtlich sagen: »Du liebst *dein* Kind nicht so, wie ich das *meine* liebe«, und das kann ein sowieso schon sehr blutendes Herz noch mehr verletzen. Wie dankbar waren wir, diese Erfahrung bereits vor dem Urlaub hinter uns gebracht zu haben, und wir konnten fortwährend bezeugen: »Nein, wir haben Elizabeth nicht zur Schule fortgeschickt, *wir ließen sie gehen.* « Elizabeth war unsere beste Hilfe, wenn sie vergnügt über Chefoo schwatzte, sogar ihrer sehr widerstrebenden Oma gegenüber! Deshalb konnte uns das Schreckgespenst (»Wenn wir zurückkommen, müssen wir die Kinder weit weg in die Schule schicken«) nichts mehr anhaben, wenn uns der Gedanke daran auch manchmal traurig machte.

Durch diese erste und durch darauffolgende Erfahrungen haben wir wertvolle Lektionen gelernt. Es ist besser, eine Sache frontal und ehrlich anzugehen, weil man dann besser den Menschen im eigenen Umfeld helfen kann, dasselbe zu tun (etwa den Großeltern). Gleichzeitig haben wir gelernt, dass die Gnade des Herrn ganz gewiss zur rechten Zeit ausreicht. Wenn wir aber darauf bestehen, ängstlich zu bleiben, zeigt er uns nicht allzu viel Gnade. Er hat uns doch ausdrücklich gesagt, wir sollten *nicht* ängstlich sein, und darum hat er auch nicht versprochen, dass seine Gnade für alle unsere *Ängste* ausreiche, sondern für alle unsere *Nöte*.

In etwa einem Jahr müssen wir eine weitere große Entscheidung bezüglich der Einschulung treffen. Ich hoffe, dass wir uns nicht falsch entscheiden. Wir haben gesehen, dass der Herr uns einmal auf Umwegen zum Ziel geleitet hat; vielleicht wird er es noch einmal tun, falls wir uns falsch entscheiden. Denn eins ist sicher: Wenn wir die Gnade des Herrn in unseren Elternherzen erfahren haben, dann werden unsere Augen geöffnet, sie auch im Leben unserer Kinder zu erkennen, wenn sie nach jeder Ferienzeit neu mit Mut und erhobenen Hauptes ins Flugzeug steigen, um wieder zur Schule zurückzukehren.

In diesem Schuljahr hieß es in Elizabeths erstem Brief aus der Schule: »Ich danke euch für die wunderschönen Ferien, die ich bei euch verbracht habe. Ich vermisse euch und liebe euch sehr; aber seitdem ich wieder in der Schule bin, haben wir schon viel Spaß gehabt.«

Grundsatz 10:
Folge tatsächlich der empfangenen Führung!

Rosemary Chandler aus den USA ist seit 1965 Mitglied der OMF.

Gottes Wege sind vollkommen

Während meiner Ausbildung zur Krankenschwester begann ich eine Beziehung zu Art, einem Medizinstudenten, der auch den Eindruck hatte, von Gott dazu geführt zu sein, im Bereich der medizinischen Hilfe bei der OMF mitzuarbeiten. Wir beteten zusammen, um Gottes Willen für unser Leben zu erkennen. Während der zweijährigen Verlobungszeit begegneten wir der OMF-Missionarin Mary Teegardin, und daraus erwuchs unser Interesse am Saiburi Hospital und der Arbeit unter Muslimen in Süd-Thailand.

Ein Jahr später waren wir verheiratet. Art besuchte ein Sommer-Seminar, und ich arbeitete im Krankenhaus vor Ort. Eines Tages gingen wir nach der Arbeit zum Schwimmen. Ich war müde und blieb nur kurz im Wasser. Danach unterhielt ich mich mit einigen anderen Ehefrauen. Als ich aber nach Art Ausschau hielt, konnte ich ihn nicht finden. Nun begann ich, voller Schrecken nach dem Rettungsdienst zu rufen. Man fand seinen Körper und begann mit künstlicher Beatmung; der Arzt wurde gerufen, der eine Herzspritze gab, aber es war zu spät. Gott hatte ihn heimgeholt.

Jetzt wurde ich von Zweifeln und Fragen überflutet. Warum hatte Gott das zugelassen? Männer, vor allem Ärzte, waren in Übersee besonders nötig. Warum hätte es nicht besser mich treffen können? Freunde fragten mich: »Willst du immer noch ins

Ausland gehen?« Meine Schwesternschule bot mir einen Platz als Ausbilderin und die Möglichkeit an, meinen Master-Abschluss zu machen. Aber damals schien mir das Leben völlig sinnlos zu sein. Anfangs war ich auf Gott zornig – ja, ich hegte sogar den Gedanken, mein Leben sei nicht wert, gelebt zu werden, und ich dachte, ich könnte genauso gut Selbstmord begehen. Doch die Gebete vieler Glaubensgeschwister hielten mich aufrecht, und langsam wurde mir klar, dass er immer noch etwas mit meinem Leben vorhatte. Denn immer, wenn solche Warum-Fragen aufkamen, erinnerte mich Gott an die Worte Amy Carmichaels: »Im Annehmen liegt Frieden!«, und an die Worte aus Psalm 18,31-33: »Gott – sein Weg ist vollkommen. [...] Gott [macht] ... vollkommen ... meinen Weg.«

Gott hatte mich berufen, und zwar unabhängig davon, ob ich verheiratet oder ledig war. So meldete ich mich bei der OMF an und absolvierte den Herbstkurs für angehende Missionare. Immer noch gab es viele Tränen, und ich hatte beständig mit dem bösen Gespenst des Selbstmitleids zu kämpfen. Aber Gott hatte mich gerufen, und darum machte ich weiter.

Jetzt, 18 Jahre später, bin ich dem Herrn für alle Wege dankbar, die er mich führte. Dazu gehört die sechsjährige Arbeit unter den Krankenschwestern auf den Philippinen, bis Gott mir in seiner Gnade einen anderen Lebenspartner gab. Seit 1972 stehen Ken und ich in der Gemeindegründungsarbeit. Gott hat uns zwei liebe Adoptivkinder gegeben – aber das ist eine andere Geschichte.

Jean Anderson aus Irland hat seit 1953 in Thailand gearbeitet.

Ein hörendes Ohr

Der Zweite Weltkrieg war endlich vorüber. Ich hatte die Schwesternausbildung hinter mir und verbrachte ein zusätzliches Jahr als Hebamme für meine nähere Umgebung[13]. Was war der nächste Schritt? Woraus sollte ich sicher schließen, dass der Herr mich in die China-Inland-Mission berufen hatte? Vielleicht war es nur eine romantische Idee, die daher kam, dass ich die Lebensgeschichte von Hudson Taylor und andere Bücher der China-Inland-Mission gelesen hatte.

So durchforschte ich die Seiten von *China's Millions*, wie die Zeitschrift dieses Missionswerks damals hieß, und vor allem die Zeugnisse der neuen Mitarbeiter, um zu versuchen, eine Antwort auf diese brennende Frage zu erhalten. Sollte ich meine Stelle als Krankenschwester aufgeben und eine Bibelschule besuchen, oder sollte ich mich direkt bei der Missionsgesellschaft bewerben?

Schließlich bat ich den Herrn, mir dafür ein eindeutiges Bibelwort zu geben. Seine Antwort stand fett gedruckt auf der Titelseite der nächsten Nummer dieser Zeitschrift: »Dies ist der Weg, wandelt darauf!« (Jesaja 30,21). Der gleiche Vers kam auch in meiner aktuellen Lese der *Daily Scripture Union* genau an dem Tag vor, als die Zeitschrift eintraf. Dieses Ereignis lehrte mich, dass der Herr seine Führung durch sein Wort bestätigen will, wenn wir ihn darum bitten. In 35 Jahren hat Gott mich nie über seinen Willen im Zweifel gelassen, wenn ich versucht habe, ihn wirklich zu erkennen, und bereit war, ihn zu tun, und wenn ich ihn außerdem um biblische Bestätigung gebeten habe.

---

13 A. d. H.: Auf den britischen Inseln entspricht das hier im Original erwähnte Wort *district* in etwa den deutschen Landkreisen.

Nachdem ich als Kandidatin für die Arbeit in China zugelassen war, hatte ich gemeint, zumindest in allen größeren Angelegenheiten keine weitere Führung mehr zu brauchen, oder wenigstens für sehr lange Zeit nicht mehr. Wie sehr hatte ich mich doch geirrt!

Bevor ich noch meine zweijährige biblische Ausbildung beendet hatte, war ganz China von den Kommunisten erobert worden, und alle Missionare wurden zum Verlassen des Landes gezwungen. Meine Berufung zur OMF wurde drei Jahre lang auf die Probe gestellt. Während dieser Zeit arbeitete ich bei der Londoner Stadtmission, machte Krankenbesuche und arbeitete bei den Crusaders[14]. Alle diese Erfahrungen erwiesen sich als unschätzbar wertvoll, als ich endlich mit der OMF als Missionarin nach Thailand kam.

Während dieser Zeit fehlte es nicht an Freunden, die mich drängten, nach Afrika, Nepal oder Indien zu gehen. Ich holte sogar vorsichtige Erkundungen über die Arbeit in Nepal ein; aber es gab vom Herrn keine klare Führung, dass einer dieser Orte in seinem Willen für mich lag. So lernte ich zu warten – etwas, was mir niemals leichtgefallen ist und was ich immer wieder lernen muss.

Nachdem ein OMF-Team die geistlichen und sonstigen Nöte in Thailand untersucht und einen entsprechenden Bericht veröffentlicht hatte, schickte man auch mir eine Abschrift. Als ich diesen las, wusste ich, dass der Herr wieder zu mir sagte: »Dies ist der Weg.« Die Bestätigung kam, als ich einen Brief vom Heimatdirektor erhielt, der mich fragte, ob ich bereit sei, in einigen Monaten nach Thailand zu gehen.

Und dann saßen wir an einem Sonntagmorgen im August 1953 zu sechst als neue Mitarbeiter an Deck eines kleinen

---

14 A.d.Ü.: D.h. zusammen mit Mitarbeitern der von C.T. Studd gegründeten Missionsgesellschaft Worldwide Evangelisation Crusade (WEC), heute Weltweiter Einsatz für Christus (WEC International).

Dampfers aus Singapur. Dabei konnten wir den ersten flüchtigen Eindruck von Thailand erhaschen: den breiten, schlammigen Fluss, die dicht bewachsene Uferlinie, deren Vegetation immer noch nass vom schweren Regen der vergangenen Nacht war, die kleinen Tempel mit ihren orangeroten Ziegeln und goldenen Blattornamenten, die in der frühen Morgensonne glänzten, und die Dorfbewohner, die in kleinen Booten nahe am Ufer entlangpaddelten. Ich öffnete meine Bibel und fand in der Tageslese die wunderbare Verheißung: »Erhebe doch deine Augen und schau von dem Ort, wo du bist, nach Norden und nach Süden und nach Osten und nach Westen! Denn das ganze Land, das du siehst, dir will ich es geben und deiner Nachkommenschaft bis in Ewigkeit« (1. Mose 13,14-15). Es war über fünf Jahre her, dass ich Gott um Leitung hinsichtlich meines zukünftigen Dienstes für ihn bat, und der Weg, den er für mich wählte, hatte sich nun endlich geöffnet.

Ich hatte erwartet, mein übriges Leben in Thailand zu verbringen ... doch was sagte Gott jetzt zu mir? Während meines zweiten Auslandsaufenthalts zog ich mir in dem Krankenhaus, in dem ich in Zentral-Thailand arbeitete, Kinderlähmung zu. Der Herr veranlasste die Frau unseres Leiters auf wunderbare Weise dazu, einige amerikanische Militärangehörige zu fragen, ob sie mich nach Bangkok ausfliegen könnten. Sie selbst hatte sich Kinderlähmung in China zugezogen und konnte wegen des schweren Regens und der unpassierbaren Straßen ihre Station nicht verlassen. Sie wusste, dass ich 24 Kilometer Bootsfahrt und fast 100 Kilometer auf dem Rücksitz eines Autos sehr anstrengend finden würde. Darum ging sie, die gläubigen Männer zu finden, die ihren Mann gebeten hatten, für sie Bibelstunden abzuhalten. Sie freuten sich, helfen zu können, und innerhalb einer Stunde landeten sie mit ihrem Helikopter vor den Regierungsgebäuden in In Buri. Das verursachte ein ziemliches Durcheinander, weil Hunderte von Leuten uns verabschieden wollten. Wir erreichten Bangkok innerhalb einer halben Stunde.

Die Boots- und Autofahrt hätte fünf oder sechs Stunden gedauert.

So entdeckte ich, dass Gott uns sogar leitet, wenn wir nicht wissen, was wir bitten sollen. Nachdem ich fast zwei Monate im Bangkok Christian Hospital zugebracht hatte, konnte ein junger britischer Militärarzt den Heimtransport mit einem Lazarett-Flugzeug der britischen Luftwaffe arrangieren, in dem sich sechs Tragbahren befanden. Das bedeutete, dass ich keine Eskorte brauchte. Auch war das Ganze viel billiger, als wenn ich mit einer normalen Linienmaschine geflogen wäre, die nicht über Tragbahren verfügt.

Es sollte vier Jahre dauern, bevor ich nach Thailand zurückflog – vier Jahre Krankenhaus und Physiotherapie, in denen ich mich an ein Leben im Rollstuhl gewöhnen und lernen musste, ein Auto mit Handbedienung zu fahren. Die Überzeugung, dass Gott mich immer noch in Thailand haben wollte, hat mich nie verlassen, obwohl ich selten von einer Rückkehr redete, weil die meisten nur mit einem verständnisvollen Schmunzeln antworteten. Sie hielten das für eine verrückte Idee und wollten das nur nicht aussprechen. Es gab jedoch einige, die diese Idee nicht für verrückt oder undurchführbar hielten. Während meine diesbezügliche Gewissheit wuchs, hörte ich, dass Dr. Chris Maddox mich gern wieder im Manorom Christian Hospital haben wollte. Darum bat ich den Herrn, dies zu bestätigen, wenn dies sein Plan für mich sei. Er gab mir Richter 6,14: »Geh hin in dieser deiner Kraft! [...] Habe ich dich nicht gesandt?«

Gottes Timing ist immer perfekt. Ich beantragte ein Dauervisum für Thailand, und es wurde mir genehmigt. Wenige Monate später wurden in London keine Dauervisa mehr ausgegeben. Ein Quotensystem wurde eingeführt, und alle neuen Missionare mussten alle zwei Monate das Land verlassen, bis sie ein Dauervisum bekommen hatten, und das dauerte oft mehrere Jahre. Mit den dadurch bedingten Reisen hätte ich niemals fertigwerden können.

Mir ging es sehr darum, unter den Krankenhaus-Patienten und ihren Verwandten zu evangelisieren, doch war ich jahrelang in die Arbeit unter Leprakranken eingebunden. Während ich daheim in Irland war, hatte ich einige einfache Labortechniken gelernt und konnte ein Labor für Lepraerkrankungen einrichten und schließlich nach der Rückkehr einen Thailänder anlernen, Hautabstriche zu machen und zu deuten.

Außerdem war ich ein »Lückenfüller«, wenn Ärzte oder Schwestern nicht vor Ort waren. In meiner ersten Dienstzeit hatte ich mich innerlich gegen die Arbeit im Gesundheitswesen aufgelehnt, allerdings nicht öffentlich. Psalm 106,15 (»Da gab er ihnen ihr Begehr, aber er sandte Magerkeit in ihre Seelen«) hatte immer als Bremse gewirkt; außerdem konnte ich die Warnung nie vergessen, die mir als Kandidat erteilt wurde: Ich sollte niemals Gottes Willen verfehlen, indem ich mich weigerte, einen Aufgabenbereich zu übernehmen, den die Missionsleiter für mich vorgesehen hatten. Obwohl sich mir schließlich die Türen für eine Vollzeit-Missionstätigkeit öffneten, habe ich nie bedauert zu warten, bis Gottes Stunde gekommen war.

Thailändische Mitarbeiter im Evangelisationsteam zu haben, war stets ein Ziel, für das wir beteten. Im Lauf der Jahre kamen mehrere junge Leute zu uns, die an der Bibelschule studierten; aber wir hatten den Eindruck, dass sie zu jung und zu unerfahren für die Krankenhaus-Seelsorge waren. Wir brauchten einen gestandenen gläubigen Mann, doch wo sollten wir ihn finden? Verschiedene Kandidaten waren angedacht; aber in keinem der Fälle hatte ich die Überzeugung, dass sie auch Gottes Wahl entsprachen. Eines Tages erzählte mir einer unserer Missionare aus dem Norden, dass Mr. Surapon eine neue Stelle suchte und vielleicht mit uns im Manorom Christian Hospital arbeiten wollte. Ich kannte Mr. Surapon und hatte ihn unterrichtet, während er im Lepra-Kontrollteam arbeitete. Seinetwegen hatte ich die Gewissheit, er sei der von Gott geschickte Mann, der zu uns kommen und uns helfen sollte. Und er hat sich auch als der Richtige für diese Arbeit herausgestellt. So war ich froh, dass ich andere Dienstangebote abgelehnt hatte.

Frau Amnuay kam auf ganz andere Weise zu uns. Sie war während der Sommerferien vom Bangkok Bible College geschickt worden, weil sie eine schwache Tuberkulose hatte. Der Arzt meinte, sie könne arbeiten, aber wir hatten keine passende Tätigkeit für sie. Darum fragte man mich, ob ich sie bei der Krankenhaus-Evangelisation einsetzen könnte. Weil keine Zeit zum Nachdenken war, stimmte ich zu, denn es sollte nur für ein paar Monate sein. Während dieser Zeit stellte ich fest, dass sie tatsächlich eine Gabe für persönliche Evangelisation besaß. Sie war als praktizierende Schwester im Saiburi Hospital tätig gewesen, kannte sich also in Krankenhäusern aus; auch war sie alt genug, sich in die Probleme der Kranken hineinversetzen zu können. Bevor sie wieder ans Bible College zurückkehren musste, hatten wir sie gefragt, ob sie ihr praktisches Jahr bei uns machen und danach immer bei uns bleiben wollte.

Führung ist etwas, was ich jeden Morgen neu nötig habe. Zu welchem Kranken gehe ich zuerst? Was soll ich ihm sagen? Welche Illustration soll ich benutzen? Oft hat der Herr mir auf ein Stoßgebet hin eine neue Illustration gegeben, durch die der Patient verstehen konnte, was ich ihm über das Evangelium zu sagen versuchte. Wie wunderbar ist es, wenn man ihn dann sagen hört: »Jetzt verstehe ich das!« Oft wurde ich genau im richtigen Augenblick zu einem sehr kranken Patienten geführt. Ein Krebskranker lag im Sterben, und ich ging in sein Zimmer und führte ihn zum Glauben an Christus, als seine Besucher gerade hinausgegangen waren. Wir hatten gerade mit Beten aufgehört, als die Schwestern hereinkamen und ihn in einen großen Krankensaal brachten; danach kam jemand, um eine Infusion anzuhängen, und dann kamen seine Verwandten wieder – und am nächsten Tag ging er heim. Ich kam »zufällig« in der kurzen Zeit zu ihm, als er allein war und offen sprechen konnte. Er starb mit der Gewissheit, dass er geradewegs in den Himmel ging.

Eine Frau war zwei Monate lang bei uns. Sie erholte sich von einer gefährlichen Schusswunde. Wieder kam ich »zufällig« zu ihr, als der Arzt ihr gesagt hatte, sie dürfe nach Hause gehen. Ich konnte mich mit ihr freuen und sie fragen, ob sie vorhätte, Gott für ihre wunderbare Heilung zu danken. Dieses Gespräch konnte Mr. Surapon nutzen, sie zu Christus zu führen. Ich musste eilig fort, um eine andere Frau aufzusuchen, die nicht wieder gesund werden sollte, aber ebenfalls noch am gleichen Tag ihr Vertrauen auf den Heiland setzen konnte.

Der rechte Gebrauch des uns gegebenen Geldes kann oft ein richtiges Problem darstellen. Als mein Auto mit Handbedienung alt wurde, schrieb eine kleine Gruppe irischer Beter, sie möchten mir die Bezahlung eines neuen anbieten. Ich war von ihrer Großzügigkeit überwältigt, schrieb aber zurück, dass der Einfuhrzoll 152 Prozent der eigentlichen Kosten ausmachte. Sie waren immer noch bereit, alle Kosten zu tragen; aber ich empfand es als meine Pflicht zu versuchen, das Auto zollfrei nach Thailand einführen zu können, weil die Britische Botschaft mir mitgeteilt hatte, es gebe einen besonders niedrigen Zollsatz für Autos mit Handbedienung. So füllte ich die Formulare aus; das Auto traf ein, aber in der ganzen Angelegenheit ging es nicht voran. Ich war entschlossen, nichts vom Geld des Herrn auszugeben, was nicht unbedingt nötig war. Nach einigen Wochen wurde ich immer mutloser. Das neue Auto stand im Freien und war der tropischen Sonne ausgesetzt, was ihm absolut nicht guttat. Eines Morgens las ich im Römerbrief, als der Herr mir ganz deutlich sagte, was ich zu tun hätte: »Gebt allen, was ihnen gebührt; die Steuer, dem die Steuer, den Zoll, dem der Zoll ... gebührt« (13,7). Später stellte ich fest, dass sich der Gebührenerlass gar nicht auf Autos erstreckte. Aber ich hatte überhaupt nicht gewusst, dass dieser Vers in der Bibel steht.

Es ist nun 35 Jahre her, dass ich anfing, Gottes Führung in großen und in kleinen Angelegenheiten zu suchen. Dabei habe ich zwei Dinge gelernt: Erstens: Ich werde immer seine Führung brauchen. Zweitens: Solange ich ein hörendes Ohr habe, werde ich immer die Stimme hören, die hinter mir sagt: »Dies ist der Weg, wandelt darauf!«

Doris Elsäßer aus Deutschland schloss sich 1966 der OMF an.

Das Dankopfer

Ich hatte einfach genug! Zwölf Jahre lang war ich zusammen mit meinem Mann Hermann auf den Philippinen tätig gewesen. Er arbeitete in der Gemeindegründungsarbeit und der Leiterschaftsschulung unter den Iraya auf Mindoro, und ich unterstützte ihn. Da auch Samuel, das jüngste unserer drei Kinder, seit bereits zwei Jahren ein Internat besuchte, waren wir die längste Zeit des Jahres kinderlos. Jetzt waren wir für acht Monate auf Heimaturlaub in Deutschland, und ich genoss es, eine ganz gewöhnliche Hausfrau und Mutter zu sein. Natürlich gab es auch Augenblicke nagenden Unbehagens darüber, dass wir augenblicklich nicht den Missionsbefehl unseres Herrn erfüllten, dass wir nicht mit Leuten beschäftigt waren und dass Lehre und Seelsorge unter den Iraya ruhten. Doch dieses Unbehagen würde wohl noch vergehen!

Ich meinte, dass es nun es an der Zeit sei, mich daheim häuslich niederzulassen und mich nach einem Dienst in meiner Heimat umzusehen, die mir unchristlicher vorkam als alles, was mir je auf den Philippinen begegnet war. Würde Hermann erst einmal seine Missionsvorträge beendet und irgendeine gemeindliche Arbeit übernommen haben, dann könnte ich auch wieder einsteigen und irgendwo meine Nische finden und gleichermaßen auch für meine Familie sorgen. Dann wäre auch ich zufrieden und würde mich ausgefüllt fühlen.

Die letzten Jahre waren besonders schwer gewesen. Der jahrzehntealte Streit zwischen den Stammesleuten und den Eindringlingen, die von überallher aus anderen Regionen der Philippinen kamen, hatte sich intensiviert, und wir steckten mittendrin. Alle Mitglieder einer unserer Gemeinden wurden angeklagt, sich unrechtmäßig auf ihrem eigenen Gebiet angesiedelt zu haben! Und es stimmte leider, dass sie keine legalen Besitzansprüche vorweisen konnten, eben weil sie gar nichts von solchen juristischen Prozeduren verstanden. Wir wurden in diese Angelegenheit hineingezogen, und Hermann wurde verhaftet und musste eine Menge Schikanen erdulden, was ihm psychisch sehr zusetzte. Es war ein schweres Jahr, das uns viel Kraft gekostet hatte, und ich konnte die Furcht, dass etwas Ähnliches leicht wieder passieren könnte, nicht loswerden. Das galt auch für die Furcht, dass wir überhaupt nichts ausrichten würden und das System nicht verändern könnten. Hinzu kam die Furcht, dass es den Stammesangehörigen nur schaden würde, wenn wir für ihre Rechte eintraten. Wir fürchteten uns zudem davor, mit ansehen zu müssen, dass unsere lieben Freunde und Brüder unter den Iraya Demütigungen und Misshandlungen ertragen müssten, ohne dass wir ihnen helfen konnten. Schließlich befürchteten wir, niemals einen Erfolg wahrzunehmen, obwohl wir doch ihr Los verbessern wollten.

Ein anderer Gedanke machte mir ebenfalls Kummer. Ich bin Krankenschwester und habe mich immer verantwortlich gefühlt, wenn jemand krank war. Wenn ein Patient starb, hatte ich mit der Vorstellung zu kämpfen, ich hätte ihn durch Unachtsamkeit oder Unwissenheit umgebracht. Ich wusste, dass das Torheit war; aber für Kranke zu sorgen, war mir eine Last, die ich gern losgeworden wäre.

Und wie ging es mit der Gemeindearbeit in den letzten Jahren? War nicht alles eine Kette von Enttäuschungen? Wir haben den Rückfall einst eifriger Christen, den Zerbruch von Ehen und die Missachtung unserer Ratschläge erlebt. Trotz unserer

Ermutigung zu persönlicher Bibellese taten es die wenigsten, über Sünden ging man leichtfertig hinweg, und manche Gemeinden schliefen ganz fest.

Es war, als hätte ich all die herrlichen Erfahrungen vergessen, dass so manche ihre spiritistischen Praktiken aufgegeben hatten und neue Menschen in Christus wurden, dass durch unsere Bemühungen und durch die Anstrengungen unserer Iraya-Brüder Gemeinden entstanden, wo es vorher keine gab, dass Sonntagsschulen eingerichtet wurden, wo zuvor die Kinder ohne Kenntnis Gottes, unseres Schöpfers, und Jesu Christi, unseres Erlösers, aufwuchsen.

Nun waren wir acht Monate lang auf Urlaub. Ich hatte den Eindruck, dass es an der Zeit sei, ganz Schluss zu machen und sich nach einer Stelle umzuschauen, wo wir dem Herrn in unserem eigenen Land dienen konnten. Ich wollte damit die missionarische Arbeit nicht völlig beenden. Irgendwann in der Zukunft könnten wir ja auf die Philippinen zurückkehren. Aber nicht jetzt.

Ich schnitt das Thema im Gespräch mit Hermann an. Ja, auch er hielt es für klug und richtig, in Deutschland zu bleiben und unseren heranwachsenden Kindern ein Zuhause einzurichten. Aber er wollte es nicht jetzt gleich. Er meinte: »Die Kinder können ihre Ausbildung an der deutschen Schule in Singapur fortsetzen, wo sie im OMF-Wohnheim gut aufgehoben sind, während sie ihre Ferien bei uns verbringen. Unsere Aufgabe bei den Iraya-Gemeinden ist noch nicht abgeschlossen, und unsere Berufung, dem Herrn auf den Philippinen zu dienen, gilt noch. Er hat sie noch nicht durch eine andere Berufung ersetzt. Warum sollten wir dann nicht eine weitere Dienstzeit dort arbeiten, bevor wir uns daheim niederlassen?«

Das klang alles so vernünftig und folgerichtig, aber ich konnte mich nicht damit abfinden. Mir schien das alles falsch zu sein. Was gingen mich schließlich die Sorgen der Iraya wegen ihres Landes an? Was konnte ich an ihren Leiden ändern? Wie sollte ich ihren kämpfenden Gemeinden auch bei der Evangelisierung von Angehörigen heidnischer Stämme helfen? Wie wenig Erfolg hatten wir bei dem Versuch gehabt, in die Irre gegangene Gläubige zurechtzubringen! Nein, ich war da nicht nötig. Das war alles die Sache des Herrn. Er war verantwortlich für die Bewahrung der Hügel von Mindoro.

Ich fing an, mit ihm zu verhandeln: »Du willst doch sicher nicht, dass ich ein viertes Mal nach Mindoro zurückgehe? Weißt du, ich bin da gar nicht so brauchbar (als wenn er das nicht wüsste). Du brauchst uns nur den nächsten Schritt zu zeigen, den wir hier in unserem Heimatland tun sollen. Es muss doch hier in der Gegend irgendwo einen Ort für uns geben, wo wir eine Lücke ausfüllen können.«

Nur um den Herrn zu überzeugen, dass ich es ernst meinte, setzte ich ihm eine endgültige Frist: »In einem Monat von jetzt an, Herr, müssen wir den nächsten Schritt wissen! Und noch etwas: Bringe bitte Hermann auch zu der Einsicht, dass *jetzt* für uns die Zeit gekommen ist daheimzubleiben.«

Zwei Dinge hatte ich dabei im Kopf: Ich wollte im Zentrum des Willens unseres Vaters für unser Leben sein, und gleichzeitig konnte ich mir keine weitere Dienstzeit auf den Philippinen vorstellen. So verhandelte ich weiter; ich bettelte, ich weinte und flehte ihn an. Aber da kam weder ein Wort noch ein Zeichen von meinem Vater.

Die Tage vergingen, und ich geriet in Panik. Sollte Gott mich verlassen haben? Oder wollte er nur auf meine Bitten nicht hören? Ich hatte Angst, durch diese Enttäuschung verletzt zu werden, war ich doch überzeugt, dass es für Gott eine Kleinigkeit war, uns zu einem Arbeitsfeld in unserem Heimatland führen zu können oder – wenn es wirklich und wahrhaftig keine Möglichkeit des Entrinnens gab – mich mit Frieden und neuer Freude für eine weitere Dienstzeit als Missionarin in Übersee zu erfüllen.

Doch der Monat ging vorüber, und keine Antwort war gekommen, weder eine Berufung in irgendeinen Dienst daheim noch Frieden wegen der Abreise. Ich habe mich allerdings manchmal über mein Verhandeln mit Gott gewundert. Wer sind wir denn überhaupt, dass wir dem allmächtigen Gott Fristen setzen dürften? Erregt das seinen Zorn? Hoffentlich nicht ... aber genau weiß ich es nicht.

Es hat Fälle gegeben, in denen ich um etwas Bestimmtes gebeten habe, und der Herr hat wunderbar geantwortet. Da war es zum Beispiel erforderlich, mit einem der Gläubigen zu reden, den wir schon mehrere Wochen nicht gesehen hatten. Er wohnte in 15 Kilometer Entfernung und war schlecht zu erreichen. So bat ich den Herrn, ihn zu uns zu schicken, bevor die Woche vorbei war – und er tat es!

Ein anderer Fall bringt mich zum Lächeln, sooft ich daran denke. In unserem Teil der Philippinen heizt man die Bügeleisen mit Holzkohle, und die »Holzkohlenfrau« wohnte ziemlich weit weg und brachte ihre Waren nur alle paar Monate vorbei. Als wir gerade die letzte Ladung angebrochen hatten, bat ich den Herrn, er möge doch bitte die Kohlenhändlerin schicken, bevor uns der Vorrat ausging. Zwei Tage später stand sie vor unserem Tor. Sie war total begeistert, als ich ihr sagte, dass sie die Antwort auf unser Gebet sei!

Aber jetzt ... wo wir doch wirklich alles getan hatten, was wir konnten, um Gottes Gemeinde unter den Iraya zu bauen, da sollte doch ein anderer die Arbeit übernehmen. Warum hörte Gott nicht auf mich? Er ignorierte meine Bitten und kümmerte sich nicht um meine gesetzte Frist. Ich fühlte mich tief verletzt. Interessierte es meinen himmlischen Vater überhaupt nicht, wie mir zumute war? War es fair, mich einfach unbeachtet zu lassen?

Während dieser Zeit fuhren wir zu einem Kurzurlaub in unsere frühere Bibelschule, hoch oben in den Schweizer Bergen. Innerhalb einer Stunde würde ich dort sitzen und das wunderschöne Panorama mit Eiger, Mönch und Jungfrau jenseits des Thuner Sees bestaunen. Während der ganzen Zeit bat ich Gott, er möge mir meine Last abnehmen – entweder, indem er mir

Frieden und Freude für eine neue Dienstzeit oder aber eine Berufung in eine neue Aufgabe schenkt.

Nichts geschah, außer dass ich mir ein Buch aus der Bibliothek nahm, um mich von meinen Problemen abzulenken. Und – beinahe unglaublich – es war die Geschichte einer Missionarin, der es auf dem Missionsfeld nicht gefiel! Ihr wurden zwei Bibelverse gegeben: Josua 1,9 und Psalm 50,23. In der alten Lutherbibel heißt es in Josua 1,9: »Siehe, ich habe dir geboten, dass du getrost und freudig seist« (Luther 1912). Kann Gott einem Menschen befehlen, freudig zu sein? Ich wusste nicht recht, wie ich damit umgehen sollte; aber immerhin schien es mir nicht richtig, mich hinzusetzen und zu warten, bis die Freude eintraf. Vielmehr sollte ich sofort guten Mutes sein, weil Gott es geboten hat. Und dann das andere Wort: »Wer Dank opfert, der preiset mich« (Luther 1912). Opfern bedeutet, etwas herzugeben, selbst wenn es schmerzt. Nun, es kann bedeuten, Gott auch für schwierige Dinge zu danken. Musste ich also dafür danken, dass wir wieder auf die Philippinen zurückgeschickt wurden? Musste ich mein Murren, meine Befürchtungen und Proteste aufgeben und sie durch Freude und getrosten Mut ersetzen?

Zum ersten Mal begriff ich, dass ich mir selbst untreu geworden war, weil ich doch gesagt hatte, dass ich den Willen meines Vaters tun möchte – einerlei, was er verlangt. Ich war *nicht* bereit, seinen Willen zu tun, wenn er bestimmte, für eine weitere Dienstzeit nach Übersee zu gehen. So musste ich also um Vergebung bitten. Und er reinigte mich und übernahm von Neuem die Herrschaft.

Es wäre nicht ehrlich zu sagen, dass ich mich von diesem Augenblick an auf die nächste Dienstzeit gefreut hätte oder dass ich glücklich war. Nur die stille Zufriedenheit erfüllte mein Herz, dass ich das Richtige tat. Und Danksagung machte es leichter.

Schließlich kam der Tag unserer Rückreise. Wir verabschiedeten uns und stiegen danach ins Flugzeug. Dann geschah es:

Hoch über den Alpen wurde ich wie von einem Strom des Friedens und der Freude umflutet. Ich hätte tanzen mögen, weil ich auf dem Weg zu dem Ort war, wo mich Gott haben wollte, um das zu tun, was ich für ihn tun sollte!

Nachwort des Übersetzers

Folgende wesentliche Punkte habe ich aus diesem Buch gelernt:

1. Ein sehr bedeutsames Mittel zur Führung finden wir in Hebräer 13,17! Das stellt sich in diesem Buch bei fast allen »Fallbeispielen« heraus.

2. Eine wirkliche, gelebte Gebetsbeziehung zwischen Gott und dem Gläubigen einerseits und das wirkliche, glaubende Ernstnehmen des göttlichen Wortes andererseits bilden die beiden Leitplanken, zwischen denen Gott seine Leute nicht nur führt, sondern wo sie diese Führung auch wahrnehmen und annehmen können, bevor sie ihm dafür danken dürfen.

3. Gottes Uhren laufen anders als unsere. Das hat mehrere Gründe. Einer ist, dass Gott alle falschen, stolzen Ansichten über uns selbst zerstören muss – außerdem unsere Vorurteile, in denen wir gefangen sind. Dann braucht es leider oftmals Zeit, uns zum Gehorsam willig zu machen, und wir müssen erst all das lernen, was uns tatsächlich brauchbar macht.

4. Gott muss auch die zubereiten, mit denen wir zusammenarbeiten sollen.

5. Gott zwingt niemanden, sondern überführt uns, damit wir ihm aus freien Stücken gehorchen können – wie gehorsame Kinder einem weisen Vater.

Die Christenheit ist seit dem ersten Erscheinen der ersten englischsprachigen Ausgabe dieses Buches schon eine Generation weiter und hat sich seither vielfach von der Welt vereinnahmen lassen. Möchten wir doch angespornt werden, zu der in diesem Buch dargestellten glücklichen »Einfalt gegenüber dem Christus« (2. Korinther 11,3) zurückzufinden, bevor er wiederkommt!

Abkürzungen

A. d. H.   Anmerkung des Herausgebers

A. d. Ü.   Anmerkung des Übersetzers

Luther 1912   *Die Heilige Schrift nach der deutschen*
                    Übersetzung Martin Luthers, Stuttgart, 1912.

Schlachter 2000   *Die Bibel*, übersetzt von F. E. Schlachter
                    (Version 2000), Genf.

svw.   so viel wie

Frederick L. Kosin
Briefe, die nie geschrieben werden …

160 Seiten, Paperback
ISBN 978-3-86699-253-5

Auch Missionare sind »ganz normale Menschen«! Neben den speziellen Herausforderungen ihres Wirkungsortes kämpfen sie mit Problemen, Nöten und Anfechtungen, die wir alle haben. Auch bei ihnen sind Beziehungen, Ehen und Familien angefochten. Oftmals haben sie niemanden, mit dem sie über diese Schwierigkeiten reden können, und sind frustriert, weil besonders hohe Anforderungen an sie gestellt werden. Manchmal heißt die große Herausforderung »Rückkehr in die Heimat« oder »enttäuschende Reaktionen der Christen dort«. Und auch Missionare sind nicht automatisch vor einem »Burn-out« gefeit …

Frederick L. Kosin und seine Frau Jenny stehen seit 1966 im gemeinsamen Dienst für den Herrn. In den letzten Jahren sind die beiden in über 60 Ländern gewesen, um Missionare vor Ort zu ermutigen und praktisch zu unterstützen. Außerdem haben sie viele Missionskonferenzen und -freizeiten besucht.

In diesem Buch berichten sie über ihre Erlebnisse und Erfahrungen. Sie geben praktische Hinweise, wie wir helfen können, stellen konkrete Gebetsanliegen vor und versuchen, mit diesen »nie geschriebenen Briefen« die Augen zu öffnen für Nöte, die wir auf den ersten Blick vielleicht nicht sehen.

Roger Steer

J. Hudson Taylor – Im Herzen Chinas

400 Seiten, Hardcover

ISBN 978-3-89397-612-6

Felsenfest davon überzeugt, von Gott selbst in diese Aufgabe gerufen zu sein, wagt Hudson Taylor Mitte des 19. Jahrhunderts den Aufbruch nach China und beginnt dort seine erfolgreiche Arbeit. Seine grenzenlose Liebe zu den Menschen, die Bereitschaft, Mühe, Leiden und Anstrengungen auf sich zu nehmen, seine außergewöhnliche Bescheidenheit gepaart mit einer sehr nüchternen Einschätzung seiner Möglichkeiten – all das machte ihn zu dem Menschen, den Gott gebrauchen konnte. Ein hochaktuelles und lesenswertes Buch für jeden, der offen dafür ist, einem ungewöhnlichen Menschen auf seinem außergewöhnlichen Lebensweg zu folgen und etwas von der Herausforderung zu spüren, die mit einem solchen Leben verbunden ist.